高等院校精品课

工商管理类专业综合实训教程

工商模拟市场实训

阚雅玲　郭立国◎著

机械工业出版社
China Machine Press

本书为工商管理类专业综合实训教程。本书实现了经济学、管理学、企业策划、企业管理、市场营销、公司理财、会计实务、税收实务、经济法规、公共关系、广告实务等各门学科相关知识的有机整合。学生综合运用这些知识，能够完成模拟企业的人员组合、市场调查、企业注册、摊位的招投标、资金筹集、采购进货、摊位的策划、装饰布置、营销方案的制定、广告宣传、市场开业、商品经营、企业管理、财务核算和照章纳税、总结完善等全过程的深入实训。本书不仅详细阐述了学生如何实训，而且还介绍了实训基地如何建设以及实训课程如何组织与管理。

本书适用于管理类专业的高职、中职教师和学生以及有志于自我创业的各级各类学生及社会人士阅读。

图书在版编目（CIP）数据

工商管理类专业综合实训教程：工商模拟市场实训 / 阚雅玲，郭立国著. -北京：机械工业出版社，2007.5

（高等院校精品课程系列教材）

ISBN 978-7-111-21236-2

Ⅰ. 工…　Ⅱ. ①阚…　②郭…　Ⅲ. 工商行政管理-市场-环境模拟-技术培训-教材　Ⅳ. F203.9

中国版本图书馆CIP数据核字（2007）第043174号

机械工业出版社（北京市西城区百万庄大街22号　邮政编码100037）

责任编辑：程　琨　　　　版式设计：刘永青

北京慧美印刷有限公司印刷

2009年7月第1版第3次印刷

170mm×242mm · 11印张

标准书号：ISBN 978-7-111-21236-2

定价：22.00元

凡购本书，如有缺页、倒页、脱页，由本社发行部调换

本社购书热线：（010）68326294

投稿热线：（010）88379007

前言

众所周知，管理科学的实验很难像自然科学那样在实验室就能很好地完成。因为我们无法给学生一个企业，让他们去经营管理；也难以给学生一笔资金，让他们去投资经营；甚至很难让他们走向市场，去亲身感受市场经济的规律以及市场运行的规则。因而高等院校工商管理专业教学的实训还停留在传统的“走出去，看一看成功企业的做法；请进来，听听专家学者的见解”这一阶段。传统的走马观花的实训教学只能给学生以感性的认识和直观的了解，无法让学生学以致用、亲身实践。而有些单一课程的实践也只是从企业经营管理的某个方面入手，无法给学生一个系统实践的环境，如此培养出的学生，经常出现学管理的搞不了管理；学经营的干不了经营的现象，难以适应市场经济对人才的需要。为此，必须全面改革工商管理传统的实训方式。经过多年的研究和实践，我们创立了一种全新高效的工商管理类专业综合实训模式——工商模拟市场，并取得了一定的成绩，本书被评为“广东省2006年高等学校精品课教材”。为了使这门课得以广泛推广，让更多的学生和学校从中受益，在机械工业出版社华章公司的大力支持下，本书得以出版。我们的初衷不只是推出一本教材，而是在推行一门实训课程，推广一种教学模式，因为这门课程是我们首创和独创的，它具有以下特点。

1. 实训基地与众不同

几乎所有校内实训室都会在校园某一建筑物内进行建设。实训室的建设均需固定专用的场地、设备和日常管理人员，因而无论是建设还是维护都需要一笔不小的开支。如果实训室的利用率很高，其效益也会明显，否则可能造成大量人力、物力的浪费。工商模拟市场实训室改革传统建设思路，它是在校园学生宿舍区或广场等处露天搭建，需要时校企共建、产学结合、一部分社会化外包；不需要时随即拆除，成本低、效果好。

2. 实训组织全员参与

工商模拟市场的组织实现了以系主任为领导、各专业教师和学生干部以及赞助单位的全员参与。这一综合实训使各专业教师将各自所讲授的专业课与企业围绕市场的真实运作和企业的现实管理有机地整合起来，改变了传统课程及实训的孤立状态。而为了锻炼学生的组织策划能力，工商模拟市场实训基地的具体工作全部由学生完成，系领导和专业教师起指导、协调和监控的作用，这样就为学管理且有志于将来做管理的学生提供了难得的实训机会。

3. 实训过程全面到位

工商模拟市场实现了经济学、管理学、企业策划、企业管理、市场营销、公司理财、会计实务、税收实务、经济法规、公共关系、广告实务等各门学科相关知识的有机整合。学生综合运用这些知识，能够完成模拟企业的人员组合、市场调查、企业注册、摊位的招投标、资金筹集、采购进货、摊位的策划、装饰布置、营销方案的制定、广告宣传、市场开业、商品经营、企业管理、财务核算和照章纳税、总结完善等全过程的深入实训。

4. 实训效果广泛认同

工商模拟市场的综合实训让学生全面实践了课堂所学的知识，学以致用，活学活用；强化了学生的市场经济意识，培养了市场经济所需的经营与管理能力；加强了学校与企业和社会的联系，为校企工学结合创造了机会；培养了大学生的竞争意识，也培养了他们团队合作与创业和就业的能力，为提高就业率和优化就业岗位奠定了基础。番禺职业技术学院工商模拟市场这一实训活动先后得到了30多个商家的大力赞助和热情加盟；吸引了众多媒体近60项的采访和报道；获得了校内外领导和同行们的高度赞扬；更得到了学生们的热烈欢迎。

本书在体现上述特色的同时具有通俗、生动、易于操作的特点，教材融入了番禺职业技术学院工商模拟市场实训几年来的体系探索、内容把握、过程控制和经验总结，以大量的范例对实训基地的建立和实训过程的实施提供了切实可行的操作方法，若能按此教材进行实训即可获得良好的教学效果。本书不但适合工商管理类专业高职学生使用，也适合工商管理类专业本科学生及中职学生使用。

本书为番禺职业技术学院教师阚雅玲和郭立国合著。全书由阚雅玲副教授拟定大纲，总纂定稿，并具体完成第1～4章、第8章、第10章、第11章和“学生常见问题答疑”部分的撰写任务。郭立国老师完成了第5~7章、第9章的撰写任务。在此，我们非常感谢番禺职业技术学院工商系主任饶骏峰老师、教学秘书黄淑芬老师、学生辅导员曾海宾老师以及所有担任工商模拟市场实训的指导教师，还要感谢一届又一届的工商系优秀的学生干部，正是他们的辛苦努力才保证了每一年工商模拟市场实训的成功举行，从而也为本书的撰写打下了良好的基础。

由于作者水平有限，书中难免有错误和疏漏之处，敬请广大读者批评指正。

阚雅玲　郭立国

2007年2月8日

目录

第 1 章

工商模拟市场实训课程概述

学习目标

1. 深刻理解工商模拟市场实训教学模式的内涵。
2. 了解工商模拟市场综合实训所具备的主要特点。
3. 回顾工商模拟市场实训所运用的课程及理论。
4. 掌握工商模拟市场实训的主要环节和步骤。
5. 明确工商模拟市场实训最终应达到的效果。

众所周知，管理科学的实验很难像自然科学那样在实验室就能很好地完成。因为学校无法给学生一个企业，让他们去经营管理；也难以给学生一笔资金，让他们去投资创业；甚至很难让他们走向市场，去亲身感受市场经济的规律以及市场运行的规则。因而高等院校工商管理专业教学的实训还停留在传统的“走出去，看一看成功企业的做法；请进来，听听专家学者的见解”这一阶段。传统的走马观花的实训教学只能给学生以感性的认识和直观的了解，无法让学生学以致用，亲身实践。而有些单一课程的实践也只是从企业经营管理的某个方面入手，无法给学生一个完整实践的环境，如此培养出的学生，经常出现学管理的搞不了管理；学经营的干不了经营的现象，难以适应市场经济对人才的需要。

为此必须全面改革工商管理专业传统的实训方式。经过多年的研究和实践，我们创立了一种全新高效的实训模式——“工商模拟市场”大型综合实训项目，并取得了良好的效果及令人瞩目的成绩，希望能够广泛推广，让更多的学生和学校从中受益。

1.1 什么是工商模拟市场实训

工商模拟市场就是在学校创办一个仿真的市场，让学生通过创办各类企业、经营各种商品综合实践所学各门知识，真正做到学以致用、活学活用，切实培养学生的创业精神、创新能力以及商品经营和企业管理的能力，同时用学生具有商业价值的经营理念、投资方案、创业设想，招商引资，实现“知本”与“资本”的有效结合。

1.1.1 工商模拟市场的内涵

为了进一步理解工商模拟市场这一全新的实训教学模式，下面从五个方面进一步解释工商模拟市场的内涵：

1. 仿真市场

工商模拟市场是在学校创办一个仿真的市场，就是指在学校找一块较为空旷的地方（如球场、宿舍区、活动广场等）搭建一个市场。之所以叫“仿真”是因为这个市场的经营者是本校的实训学生，而顾客是全校所有的师生。而其他各主要活动和经营过程与真实的市场没有太多区别。而实训学生需要“真刀真枪”地走入市场，需要“真金白银”地经营市场，需要“真才实干”地开拓市场。

2. 创办企业

工商模拟市场是让学生创办自己的企业。创办企业需要有人、财、物，更需要有企业家的才能。当一个“小老板”出现时，就要考虑创建一家什么样的企业，如何进行决策；而确定了企业的经营范围后，就需确定企业成员的组成并进行招募，接下来就需要融资、投资、企业的经营管理，一直到最后的资金分配。实训期结束后，企业的经营也到期了，这时又需开始清算。

3. 经营商品

创立企业相对比较容易，只要参与摊位的招投标，付出一定的成本即可获得企业的立足之本——“摊位”，资金也问题不大，因为没有对注册资本进行底线限制，人员也相对好招集。但商品的经营则是一件考查学生综合素质与经营管理能力的重要环节。我们不但考核学生的经营成果，也要考核学生的经营过程，要发现“盈利”与“亏损”是一种“必然”还是“偶然”，是可以“持久”还只是“昙花一现”。

4. 学以致用

“学以致用、活学活用”是本实训项目重点强调的一个方面，也是决定本实训项目能否成功的一个关键。因为学生在校自由摆摊经商或者有组织地搞成商业一条街早已有之，但本实训项目要求学生一定是以相关的理论知识为基础，在有实际经验的教师指导下，在较高的起点上创立自己的企业、经营自己的商品，这就需要有胆有识、有勇有谋，有一定的战略思想，有较高的管理水平，否则实训效果将大打折扣。

5. 招商引资

经过工商模拟市场的实训后，学生们逐步具备了市场经济意识，学会了按市场规律和规则办事，并以自己独特的视角，发现市场潜在的商机，在此基础上进一步进行市场调查、数据分析、方案策划、经济效益与市场前景的评价，在总结原创企业经营管理的经验和教训后，拿出具有商业价值的经营理念、投资方案或创业设想，学校为他们组织创业大赛，并邀请商家前来评审和招商引资，以此实现“知本”与“资本”的有效融合。

1.1.2　工商模拟市场实训的特点

番禺职业技术学院本着“改革传统实训方式，全面推行素质教育”的思想，按照上述实训理论模式已成功举办了八届“工商模拟市场”活动，这一全新的实训模式得到了学生们的热烈欢迎、企业的踊跃支持、同行的充分肯定、媒体的广泛宣传、各界的热情赞誉，经过几年的探索和实践，已经使之成为一种全新、高效的实训教学模式。这一实训模式具有以下特点：

1. 实训基地与众不同

几乎所有校内实训室都会在校园某一建筑物内进行建设。实训室的建设均需固定专用的场地、设备和日常管理人员，因而无论是建设还是维护都需要一笔不小的开支。如果实训室的利用率很高，其效益也会明显，否则可能造成大量人力、物力的浪费。工商模拟市场实训室改革传统建设思路，在校园学生宿舍区或广场等处露天搭建，需要时校企共建，产学结合，一部分社会化外包；不需要时随即拆除，成本低、效果好。

2. 实训组织全员参与

工商模拟市场的组织实现了以系主任为领导、各班指导教师和学生干部以及赞助单位的全员参与。通过综合实训使各专业教师围绕市场的真实运作与企业的现实管理将各自所讲授的专业课有机地整合起来，改变了传统课程及实训的孤立状态。而为了锻炼学生的组织策划能力，工商模拟市场实训基地的具体工作全部由学生完成，系领导和指导教师起指导、协调和监控的作用，这样就为学管理且有志于将来做管理的学生提供了难得的实训机会。

3. 实训过程全面到位

工商模拟市场实现了经济学、管理学、企业策划、企业管理、市场营销、公司理财、会计实务、税收实务、经济法规、人力资源管理、公共关系、广告实务、电子商务等各门学科的全面知识的有效整合。学生综合运用这些知识，完成模拟企业的人员组合、市场调查、企业注册、摊位的招投标、资金筹集、采购进货、摊位的策划、装饰布置、营销方案的制定、广告宣传、市场开业、商品经营、企业管理、财务核算和照章纳税、总结完善等全过程的深入实训。

4. 实训效果广泛认同

工商模拟市场的综合实训让学生全面实践了课堂所学知识，学以致用，活学活用；强化了学生市场经济意识，培养了市场经济所需的经营与管理能力；加强了学校与企业和社会的联系，为校企产学研合作创造了机会；培养了大学生竞争意识、团队合作与创业和就业的能力，为提高就业率和优化就业岗位奠定了基础。番禺职业技术学院工商模拟市场这一实训活动得到了30多个商家的大力赞助和热情加盟；吸引了众多媒体近60项的采访和报道；获得了校内外领导和同行们的高度赞扬；更得到了学生们的热烈欢迎。不少学校前来学习参观，这一实训方式有望广泛应用和推广。

1.2 工商模拟市场适合的专业及实训的理论

工商模拟市场这一全新的实训模式适合多种专业的实训教学，凡是经济贸易类、工商管理类、市场营销类、财务会计类以及其他与市场经济相关的专业都可以将这一实训作为学生的专业综合实训或专业认知实训，让学生通过创建市场、融入市场、经营市场、管理市场、开拓市场，综合实践所学各门专业课程，亲身感受市场经济的基本规律和运行规则，学会按经济规律办事，并掌握企业管理和商品经营的技能和技巧。

1.2.1 工商模拟市场实训适合的专业

工商模拟市场这一实训方式经过多年的实践，我们认为主要适合工商管理类及其他几类专业：

1. 工商管理类专业

（1）**工商企业管理专业**：工商模拟市场可以让工商企业管理专业、市场营销类、经济贸易类、财务会计类等管理专业的学生实现经济学、管理学、企业策划、企业管理、市场营销、公司理财、人力资源管理、会计实务、税收实务、经济法规、公共关系、广告实务、电子商务等各门学科知识的有效整合。学生综合运用这些知识，可以完成模拟企业的人员组合、市场调查、企业注册、摊位的招投标、资金筹集、采购进货、摊位的策划、装饰布置、营销方案的制定、广告宣传、市场开业、商品经营、企业管理、财务核算和照章纳税、总结完善等全过程的深入实训。以此感受市场经济的基本规律和运行规则，学会按经济规律办事，掌握企业管理和商品经营的技能与技巧。

（2）**工商行政管理专业**：工商模拟市场可以让工商行政管理专业的学生实现个体私营经济管理、企业法人登记管理、市场管理、经济合同管理、公平交易监督管理、物价学、管理学、经济法等各门学科知识的有效整合。学生综合运用这些知识，完成模拟企业的人员登记注册、市场调查、市场管理、合同签订、物价制定、企业管理、法规应用等方面的深入实训。

(3) **商务管理专业：** 工商模拟市场可以让商务管理专业的学生实现经济学基础、商务管理、企业管理、基础会计、财务管理、经济法、市场营销学、市场调查与预测、电子商务等各门学科知识的有效整合。学生综合运用这些知识，完成模拟企业的人员组合、市场调查、企业注册、摊位的招投标、资金筹集、采购进货、摊位的策划、营销方案的制定、广告宣传、市场开业、商品经营、企业管理、财务核算和照章纳税、总结完善等全过程的深入实训。

(4) **连锁经营管理专业等：** 工商模拟市场可以让连锁经营管理等专业的学生实现经济学基础、管理学基础、经济法、消费心理学、市场营销学、商品学、企业经营管理、企业采购管理、人力资源管理、物流管理各门学科知识的有效整合。学生综合运用这些知识，完成模拟企业的人员组合、市场调查、企业注册、摊位的招投标、资金筹集、采购进货、摊位的策划、营销方案的制定、广告宣传、市场开业、商品经营、企业管理、财务核算和照章纳税、总结完善等全过程的深入实训。

(5) **物流管理专业：** 工商模拟市场可以让物流管理专业的学生实现经济学基础、管理学基础、经济法、物流管理、电子商务、采购与仓储管理、供应链管理、商品学概论、各门学科知识的有效整合。学生综合运用这些知识，完成模拟企业的人员组合、市场调查、企业注册、摊位的招投标、资金筹集、采购进货、摊位的策划、营销方案的制定、广告宣传、市场开业、商品经营、企业管理、财务核算和照章纳税、总结完善等全过程的深入实训。

2. 其他专业

(1) **市场营销类：** 市场营销、营销与策划、市场开发与营销等。

(2) **经济贸易类：** 经济管理、经济信息管理等。

(3) **财务会计类：** 财务管理、财务信息管理、会计等。

1.2.2　工商模拟市场综合实训的理论

不同专业可根据自己的特点有针对性地重点实训相关的理论，这一实训项目涉及的课程和理论很多，主要有以下课程和理论供实训时参考。

(1) **《经济学基础》：** 市场经济的一般规律和运行规则，如供求定理、价格弹性、机会成本原理、边际决策原理、看不见手的原理、比较优势原理等以及消费者行为分析、成本收益分析以及要素收入等方面的理论。

(2) **《企业管理》：** 企业管理的基本框架，如企业管理的基础工作、企业管理环境分析、决策管理、战略管理、生产管理、物资管理、质量管理、财务管理、营销管理、组织结构管理、人力资源管理、激励管理、信息管理、企业文化建设管理方面的基本知识。

(3) **《企业策划》：** 企业环境分析与市场调查、企业战略策划、企业营销策划、企业产品策划、企业公关策划、企业广告策划等方面的知识以及策划报告的撰写方法。

（4）**《市场营销》**：消费者市场购买行为分析、市场营销调研与预测、目标市场营销战略、产品策略、定价策略、分销策略、促销策略。

（5）**《财务管理》**：资金的筹集和管理、企业的登记注册、投资管理、日常资产经营和管理、成本费用的计划和控制、经营成果及分配管理、财务分析和评价。

（6）**《会计实务》**：根据模拟企业经营的相关资料，依据现行会计制度做出基本的会计业务，能够完成从审核并汇总原始凭证、填制记账凭证、登记会计账簿到编制会计报表的全过程。

（7）**《税收实务》**：税收的基本概念、依法纳税的思想、现行税法的主要内容、各种税收应纳税额的基本计算。

（8）**《人力资源管理》**：职务分析与岗位设计、员工的招聘与选拔、员工的激励与管理、员工绩效考评、员工培训与开发、团队建设与管理、组织文化等。

（9）**《经济法》**：工商行政管理方面的基本法规，特别是《公司法》、《企业法》、《合同法》、《产品质量法》、《反不正当竞争法》、《消费者权益保护法》、《劳动法》等法律法规的主要内容，并能正确运用有关法律法规，使企业依法生产和经营。

（10）**《公共关系》**：公众的分类、公众分析、公关人员的基本素质、人际沟通、大众传媒、公共关系活动、公关礼仪等。

（11）**《商品学》**：商品的品种、商品的分类、影响商品质量的因素、商品标准、商品检验、商品包装、商品养护。

（12）**《广告实务》**：广告调研、广告策划、字体设计、编排设计、标志设计、海报制作、包装设计、数码图像处理等。

（13）**《谈判技巧》**：谈判的原则、谈判的步骤、谈判的模式、谈判的行为、冲突的解决、谈判的筹码等。

（14）**《电子商务》**：电子商务的框架模型、电子商务的技术基础、电子商务的网络营销、电子商务应用系统的建立。

（15）**《物流管理》**：物流运输、商品储存、商品装卸搬运、商品包装、商品配送、物流外包等。

1.3 工商模拟市场实训程序和安排

工商模拟市场实训过程的精心策划和周密安排是保证实训获得成功的关键要素，工商模拟市场的实训与其他实训不尽相同，因为每一次工商模拟市场的实训均需创立市场、搭建摊位，而这一过程属于实训基地的创建过程，是实训教学的管理程序，它是培养学生干部组织策划能力必不可少的过程。实训基地建设好后，所有实训班的学生即可开始工商模拟市场的实训过程，而这一过程应在教学大纲中作详细的安排。

1.3.1 实训的教学管理程序

工商模拟市场实训在教学管理和实训基地建设方面共有以下16个程序及内容组成：

（1）**安排教学计划**：由学校在教学计划中安排实训时间，主要安排一周不上理论课，全部用于该项实训的集中活动。一般安排在第三或第五个学期。

（2）**成立筹委会**：由系主任总负责、各实训班指导教师指导，以团总支、学生会干部为成员成立工商模拟市场筹委会，设计和实施工商模拟市场实训总体方案。

（3）**招聘工作人员**：面向新生招聘有关工作人员，让他们为今后的实训积累经验。

（4）**获得经费**：诚邀校内外有关人士光临,借助媒体进行宣传和报道，争取社会力量的加盟与赞助,获得工商模拟市场活动的经费。

（5）**指导学生**：各实训班指导教师指导学生，在进行市场调研的基础上，模拟创建自己的企业，确定经营范围和融资渠道，制定策略和管理方法，并做好开业前的各项准备。

（6）**划分场地**：在校内建立工商模拟市场的场所，根据地理位置的优劣划分经营场地，对各模拟企业确定摊位招投标方案。

（7）**接受学生注册**：接受学生创办的模拟企业进行工商注册登记并领取执照。

（8）**搭建摊位**：根据注册登记的模拟企业数量和场地的实际情况，在开市前一周，请校外搭棚公司用竹竿搭建好简易的摊位和开幕式需用的舞台。

（9）**摊位竞投**：完成摊位的竞投和预付摊位费。

（10）**财税票据印制**：印制模拟发票和账簿，规定适用税目和税率，制定工商模拟市场的监督管理办法。

（11）**活动宣传**：设计、印制、散发活动宣传海报，向有关媒体派送资料，进行市场宣传，吸引顾客在开市后前来购买。

（12）**开市仪式**：一切准备就绪后，按原定时间举行隆重的工商模拟市场的开市剪彩仪式。

（13）**组织学生开始为期一周至两周的工商模拟市场活动**：让学生创办自己的企业、经营自己的商品、管理自己的业务。

（14）**市场监督与管理**：市场管理办公室模拟政府职能，对市场进行监督，确保各摊位经营者诚信经商、公开竞争、规范经营。

（15）**组织照章纳税**：组织学生完成会计核算，并照章纳税。

（16）**总结交流与完善**：学生完成实训报告，教师组织学生对本次活动的评奖与总结汇报。完善工商模拟实训方案，为下一年度的创新与发展做好准备。

1.3.2 学生综合实训的步骤

学生在工商模拟市场综合实训过程中，大致要分12个步骤进行实训：

1. 完成模拟企业的人员组合

（1）本着优势互补、取长补短、自愿结合的原则成立模拟企业组织，每个企业一般为5～10人。

（2）根据模拟企业的有关职能进行分工协作，有企业负责人、财务负责人、采购人员、营销人员等。

（3）参加实训的学生必须加入一个企业并负责相应岗位的工作。

2. 进行市场调查

（1）每个模拟企业均应根据所在学校的特定的市场需求及消费特点制定市场调查计划。

（2）设计市场调查表，印刷100～200份。

（3）以多种形式开展市场调查。

（4）完成调查报告，为下一步经营打好基础。

3. 进行企业注册

（1）讨论研究企业的名称、经营范围、注册资金。

（2）按市场管理部门的要求完成企业的工商和税务登记注册工作。

4. 参加摊位的招投标

（1）事先考察每个摊位的地理位置，并进行比较、分析和判断。

（2）企业成员根据自身企业的商品特色、经营规模、经营目标、营销策略等方面的因素选取几个目标摊位。

（3）了解黄金摊位运用荷兰拍卖法以及一般摊位运用普通拍卖法的具体规则，并制定本企业投标的具体策略和价格底线。

（4）每个企业选派两人参加统一的摊位招投标会。

5. 筹集资金

（1）讨论确定筹集资金的总额。

（2）讨论确定资金筹集的方式。

（3）筹措生产经营所需要资金。

6. 采购进货

（1）了解市场及进货渠道，货比三家，力争采购到价廉物美的商品。

（2）确定采购期限、付款方式、运输方式、质量责任等方面的问题。

（3）开业前或经营过程中顺利完成采购任务。

7. 摊位的装饰布置及策划

（1）根据所经营商品的特色及企业名称的特点策划摊位的布置。

（2）摊位的布置要求有创意、成本低、自己动手且做到环保。

（3）企业成员自己动手在开业前完成摊位的装饰与布置。

8. 制定营销方案完成广告宣传

（1）根据企业的特色制定营销方案，特别是在定价和促销方面多做工作。

（2）根据企业的特色进行广告策划。

9. 开业

（1）按照全系统一安排进行开业仪式。

（2）进行第一天的商品经营和企业管理。

（3）及时进行财务核算，并总结经验和教训。

10. 商品经营和企业管理

（1）开业后进行为期五天的商品经营和企业管理。

（2）注重采购、生产、销售、成本核算、分工协作、组织管理等各方面的实训。

（3）自觉遵守市场管理的规则，注意用电防火和卫生等方面的管理。

11. 完成财务核算和照章纳税

（1）商品经营结束后，尽快完成财务核算工作。

（2）按规定交纳有关的税费。

（3）上交有关的数据资料，参加评比。

12. 总结完善

（1）各模拟企业开会讨论，总结实训期的经验和教训。

（2）每人完成实训日记和实训报告。

1.3.3 实训教学组织方式

1. 工商模拟市场开业前的准备（9项）

以下9项实训任务是在所有实训班集中实训前，在各班指导教师的指导下，学生用两个月的课余时间完成，约需60个学时。教师在以下九个模块中要进行指导，每个模块安排2个学时，共18个学时。

（1）完成模拟企业的人员组合。

（2）进行市场调查。

（3）筹集资金。

（4）进行企业注册。

（5）参加摊位的招投标。

（6）进行摊位策划。

（7）市场营销方案的制定。

（8）采购进货。

（9）广告宣传。

2. 工商模拟市场为期一周的商品经营与企业管理（3项）

所有实训班集中在一周的时间内进行。学时至少为26学时，此过程指导教师跟踪观察和指导最少要6个学时。

（1）工商模拟市场开业仪式。

（2）全过程的商品经营。

（3）全面的企业管理。

3. 集中实训完的善后工作（4项）

学生用课余时间完成，约需12学时，此过程指导教师指导2个学时。

（1）完成会计与财务核算。

（2）照章纳税。

（3）企业内部评价和总结完善。

（4）完成实训日记和实训报告。

4. 实训教学组织学时分配表。

实训教学组织学时分配表如表1-1所示。

表1-1 实训教学组织学时分配表

<table>
<tr><th>序号</th><th>实训内容</th><th>教师指导学时</th><th>学生实训学时</th><th>序号</th><th>实训内容</th><th>教师指导学时</th><th>学生实训学时</th></tr>
<tr><td>1</td><td>企业的人员组合</td><td>1</td><td>课余2</td><td>8</td><td>采购进货</td><td>1</td><td>课余4</td></tr>
<tr><td>2</td><td>进行市场调查</td><td>3</td><td>课余12</td><td>9</td><td>广告宣传</td><td>2</td><td>课余4</td></tr>
<tr><td>3</td><td>筹集资金</td><td>2</td><td>课余2</td><td>10</td><td>市场开业仪式</td><td rowspan="3">6</td><td rowspan="3">教学计划安排26学时</td></tr>
<tr><td>4</td><td>进行企业注册</td><td>1</td><td>课余2</td><td>11</td><td>商品经营</td></tr>
<tr><td>5</td><td>摊位的招投标</td><td>3</td><td>课余6</td><td>12</td><td>企业管理</td></tr>
<tr><td>6</td><td>进行摊位策划</td><td>2</td><td>课余6</td><td>13</td><td>会计核算与纳税</td><td rowspan="2">2</td><td>课余2</td></tr>
<tr><td>7</td><td>营销方案的制定</td><td>3</td><td>课余10</td><td>14</td><td>内部评价和总结</td><td>课余10</td></tr>
<tr><td colspan="6">合 计</td><td>26</td><td>86</td></tr>
</table>

1.4 实训教学理念和教学方法

工商模拟市场大型综合实训是改革传统实训方式，运用现代科学的教学理念和教学方法设计而成的，因此在工商模拟市场实训的教与学过程中，教师和学生均应体现这些理念和方法。

1.4.1　实训教学理念

1. 从以知识为本转向以学生发展为本

自有高考以来，以知识为本根深蒂固，而这种现象到了大学也未能有根本改观。依然是老师为了知识而教，学生为了知识而学，甚至老师与学生成了知识的奴隶。没有心灵的沟通，没有思想的交流，没有生命的启迪。我们认为高职教育必须从以知识为本转向以学生发展为本。知识传授仅仅是手段，学生发展才是目的。为此我们对工商模拟市场实训课程的设计是开放的、多元的，其目的是为学生的就业和发展服务。教师针对学生所学专业、兴趣、特长对学生进行职业规划辅导、职业生涯设计，在此基础上让学生确定自己在模拟企业中的岗位。当学生知道，他毕业后要做什么、怎么做，就会知道他现在需要准备什么，要学什么；知道了要学什么，就激发了他们的学习动机和学习兴趣。让工商模拟市场实训与学生职业发展相结合，加以辅导，就会为教学带来事半功倍的效果。

2. 从以教师为中心转向以学生为中心

传统的课堂教学大多以教师为中心，如果教师讲得好，学生才能被打动，引起共鸣，从中感悟到应学的知识，但无论如何也难以让学生亲身去体验，获得直接的知识。因而，如果我们的教学不让每个学生去亲身体验，一方面难以真正培养学生应用以及探究知识的能力；另一方面无法让学生展示他们的才能，更无法开发他们的潜能。工商模拟市场是让学生真刀真枪地融入市场，让学生真切地感受市场的游戏规则，体会市场的运行规律。工商模拟市场为学生提供了一个认识市场、了解市场、体验市场的机会，也为学生提供了实践所学理论、展示自己经商能力的舞台。工商模拟市场让学生在学习有关理论知识的基础上，走进市场、认识市场，自主经营、自负盈亏，培养了学生市场竞争能力、创业投资能力、组织策划能力与经营管理能力。

3. 从教师传授知识转向学生探究知识

教学是否成功不是看教师是否讲得好，而是看学生是否学得好。因而我们不能用教师的教去替代学生的学，凡是学生能解决的问题，教师绝不要包办代替。当学生学习新知识时，应鼓励学生去探索发现，由已知条件出发，通过自主探索，与同伴合作，去获取知识，而不是告诉学生结论；当学生面临困难时，要引导学生去寻找解决问题的思路，并总结解决问题的经验，而不是给出解决问题的方案。工商模拟市场实训就是让学生综合运用所学的各门专业知识，从企业筹资投资到资金分配、从工商注册到照章纳税、从市场调查到经营管理、从人、财、物到产、供、销的全过程进行探究性的学习和实践。在实训过程中，学生们既重视经营过程的模拟与实践，也重视经营成果的盈利与亏损，因而大大地激发了学习的积极性、自觉性、主动性和目的性。

4. 从学生独立学习转向团队协作学习

在传统的教学组织中，学生往往是单兵作战，强调个人英雄主义，这样一方面难以培养学生具备当今社会所需要的团队合作精神，另一方面难以形成集体的智慧，共享彼此的收获和体会。随着市场竞争的日趋激烈以及分工合作的日益发展，竞争与合作能力已成为每个用人单位衡量从业者的一个重要标准，而我们平时的教学与考核往往是针对学生个人进行的，缺乏面对面的竞争以及人与人的合作。工商模拟市场实训是让学生组成一个模拟的企业进行实训的，企业之间是要在市场上面对面地展开激烈的竞争，如何与同类的企业和异类的企业展开竞争，并取得胜利是本实训课程的一个重要任务；而企业内部成员如何团结起来实现优势互补，共同打造出一个富有凝聚力的企业，成功地完成企业从成立到发展的全过程也是每个学生在实训中必须完成的另一任务。

5. 从以考试转向综合评价作为考核手段

目前对学生学习效果的评价仍然以考试为主要手段，而且是一样的试卷、一样的标准，它无法体现个性的张扬和创造性的解放。它使考试成绩再一次成为学生学习与生活的指挥棒。而走出校门、步入社会的毕业生则发现，就业和未来的职业发展才是检验他们大学三年学习与生活的最好标准。面对社会对走出校门的大学生重新洗牌，我们不能不反思我们教育的评价标准和考核手段。工商模拟市场这门实训课的考核评价由个人分和团体分两部分构成，各占50%。个人分是指学生个人在实训中的表现和实训成果两方面内容，各占个人分的50%，实训中的个人表现由模拟企业中的学生互评得出，实训成果是指学生个人完成的实训日记和实训报告，由老师批改得分。团体分是学生所在企业的得分，同一企业的学生，这部分得分一样，它由企业组建、市场调查、投资方案、经营管理、总结完善五部分组成，各占20%，由教师评定给分。

1.4.2 实训教学方法

工商模拟市场实训在反思传统教学存在的弊端的基础上，以先进的教学理念为指导，在具体实践中若能有目的地灵活运用多种教学方法，就能有效地保证了这一实训课程的教学质量。

1. 以学生为中心的教学方法

本课程引入以学生为中心的教学方法，彻底改变传统教学中以教师为中心、以知识为本位、以讲授为途径、以考试为终点的局限，而是实施以学生为中心、以能力为本位、以探究为途径、以综合考评为结果的教学理念和方法，还学生以教育主体的地位，学生根据自己的职业兴趣和专业特色选择自己的经营范围、合作伙伴，明确自己在模拟企业中的角色，通过亲身实践企业经营管理的全过程去主动验证所学的理论、积极探究没有学过的知识，培养所需的各种能力，收到非常好的教学效果。

2. 实训前的案例引导教学方法

在工商管理类学科的教学中，案例教学法是非常有效的一种方法，因为管理学科的特殊性让我们难以给学生一个真实的场景让学生去亲身体验，而精典的案例就会重现当时的情景、遇到的问题和采取的行动。因而在学生开始实践前，教师通过大量的案例对学生进行指导，让学生一方面掌握成功企业和个人的经营理念、投资方案和管理经验，另一方面也让学生从失败的企业和个人中吸取相应的教训。这样的实训指导会让学生印象深刻，可借鉴性强。

3. 师生合作共建实训基地的教学方法

大多实训室的建设是由学校和老师单方面完成的，而工商模拟市场实训基地的建设是师生双方共同完成，而且是教师指导下主要依靠学生干部完成的。每一次工商模拟市场实训都是一个庞大的系统工程，需要搭建两百多个摊位供学生使用，参与经营的学生有千余名，而作为市场的顾客则是全院近7 000名学生和教职工，因而这一实训基地的建设和实训过程的组织为培养学生的组织策划能力提供了一个广阔的平台，学生学会了如何去筹划设计、组织管理一个大型的活动和项目，从而为用人单位培养一批合格的管理者。

4. 产学合作的教学方法

本着“产学双方、双向互动、密切合作、互惠互利”的原则，近年来工商管理系、财经系与30家企业联合举办校内工商模拟市场大型实训活动。合作形式有：学院或系主办、企业冠名赞助、企业一般赞助、企业租赁摊位、企业招聘学生为企业服务、学生用创业方案吸引企业合作等等形式。每一次工商模拟市场实训都吸引了众多商家的加盟，通过产学合作让学生们有了与企业合作的机会，这样，学生近距离地了解了企业的经营理念、文化氛围、管理经验，为学生日后的就业以及岗位的优化创造了条件，同时也增强了学校的知名度，加强了学校与企业的联系与合作。

5. 多媒体与计算机辅助教学方法

许多用传统方法讲授起来枯燥无味、难以理解的东西，通过多媒体技术使枯燥的理论变成了生动的画面，直观易懂地表现出来，通过多媒体进行的实训指导收到了很好的教学效果。根据本课程的特点，积极主动地研究和应用现代教育技术，设计建成网上工商模拟市场，为模拟企业提供网上宣传和电子购物等服务，为电子商务、物流管理专业的学生提供了实操平台，使工商模拟市场的形式得以拓展、延伸，使工商模拟市场活动经常化、网络化。开发研制了系列教学课件和学生辅导课件，提供丰富的网上学习资源，并开通“教师网上答疑”，及时解决学生学习过程中遇到的问题，确保学生能以各种方式和途径进行学习。

1.4.3 实训教学手段

在学校宽带信息网络的支持下，教学活动可以通过网络实现了网上教学交流。利用互联网的丰富资源，可以进一步扩充了学生的专业学习资料。工商模拟市场实训充分运用现代教学手段，大大激发学生的学习兴趣、提高实训教学效果。

1. 网上公布实训摊位布置图，为学生摊位的投标做好准备

工商模拟市场实训的基本教学条件是让每个模拟企业的学生拥有一个摊位，这些摊位的提供完全用“无形的手”，靠价格机制进行配置，也就是采取集中招投标的方式。在正式投标之前，首先在网上公布出200余个摊位的布置图、每个摊位的号码、起拍价格，让学生据此结合自己企业的目标市场、经营方向等事先实地考察，确定几个摊位作为候选，并确定每个摊位的心理价位以及投标的具体策略，从而为摊位的投标做好充分准备。

2. 网上公布工商模拟市场运作的规章，让学生实训有章可循

每一次工商模拟市场实训都是一个庞大的系统工程，需要搭建少则几十多则几百个摊位供来自实训班和自愿参加的非实训班学生使用，参与经营的学生有千余名，而作为市场的顾客则是全院近7 000名学生和教职工，因而必须有周密的规章且公布于众。为此可在网上公布工商模拟市场实训工作分工表、摊位招投标细则、市场经营管理细则、社会企业赞助指南、模拟企业注册一览表、模拟企业情况登记表等等。

3. 实训所需教学资源全部上网，进一步扩充学生的学习资源

番禺职业技术学院工商模拟市场实训课程的全部教学资源都已经上网，除了教学用课件之外，还为学生列选了有关的参考书籍、相关网站，并将有关参考资料如：如何进行市场调查、如何为企业起名字、如何进行产品定价、如何制定营销方案、如何进行会计核算等等挂在网上而且不断更新，学生在任何地方都可以登录，进行自主学习，满足了不同层次的学生学习的需要，满足了教师教学的需要。这些资源在教学过程中发挥了积极和重要的作用。

4. 通过教师网上在线答疑，随时随地解决学生在实训前、中、后的问题

工商模拟市场实训是一项综合性的大型实训活动，除了面对的市场是全院7 000多名学生和教职工这个工商模拟市场外，其他的经营管理均是真刀真枪，真正地面对市场、融入市场、适应市场和开拓市场，因而对于大多数学生来讲还是颇具挑战的，无论是实训前期的准备、实训中的运作还是实训后的总结完善都会存在这样和那样的问题。为了及时解决学生的疑问和困惑，可在传统答疑的基础上又设立了教师网上答疑，这样就能较为充分地满足学生的需要，同时也有助于教学的管理和改善，实现教学相长。

1.5 工商模拟市场实训的效果

工商模拟市场实训会成为大学生在校期间难以忘怀的一段经历，这是因为学生在此实训过程中将获得前所未有的体验和无比宝贵的收获，工商模拟市场实训主要应达到如下效果：

1. 学生全面实践课堂所学知识，学以致用，活学活用

工商模拟市场实现了经济学、管理学、企业策划、市场营销、公司理财、会计学、行政管理、税收实务、经济法规、公共关系、广告实务等各门学科知识的有效整合。学生综合运用这些知识，对企业从筹措资金到资金分配、从工商注册到照章纳税的全过程进行了实训。在实训过程中，学生们既重视经营过程的模拟与实践，也重视经营成果的盈利与亏损，因而大大地激发了学习的自觉性、主动性和目的性。他们针对经营过程中所需的知识，复习以往所学内容、查阅有关资料、请教相关专业教师，为成功地实践奠定理论基础。

2. 强化学生市场经济意识，培养市场经济所需的各种能力

作为工商管理类、财经类专业的学生，应具备较强的市场经济意识和市场竞争能力。而认识市场、了解市场并能适应和开拓市场则是学生重点要掌握的技能。但只有让学生真刀真枪融入市场，才能让他们真切地感受市场的游戏规则，体会市场的运行规律，培养开拓市场的能力。工商模拟市场为学生提供了一个认识市场、了解市场、体验市场的机会，也为学生提供了实践所学理论、展示自己经商能力的舞台。工商模拟市场让学生在学习有关理论知识的基础上，走进市场、认识市场，自主经营、自负盈亏，培养了学生的市场竞争能力、创业投资能力、组织策划能力与经营管理的能力。

3. 培养大学生的竞争意识与团队合作精神

市场的核心就是竞争，但团队精神也越来越受到企业的重视。因此，在大学期间就应该培养学生具备团队合作精神，这样才能在激烈的人才竞争中脱颖而出。对于尚未走入社会的大学生来说，工商模拟市场是对他们综合素质、知识与能力的一个考验，特别是对他们组织策划能力、竞争意识、团队合作精神的一次锻炼。注册登记、组织货源、参加摊位竞投、销售货物等，每项工作都需要摊位的每一个人付出艰苦的努力，自然而然就训练了大家的参与竞争、团结合作、组织策划、公关联络等各种能力。

4. 加强学校与企业和社会的联系，为校企进一步合作奠定了基础

工商模拟市场通过对外宣传、招商引资，加强了学校与企业和社会的联系，增强了学校的社会影响力，提高了知名度，实现了“知本”与“资本”的有效融合，为校企合作奠定了基础，也为学生实训和就业提供了更广阔的空间，对我院招生的数量和质量都产生积极的影响。工商模拟市场让学生接触了社会，让社会了解了学生，从而形成了良性互动的局面，有效促进毕业生就业率的提高以及就业岗位的优化。

教学参考

1. 可先向学生大概介绍工商模拟市场这一综合实训方式，让学生对这一实训方式有个初步的了解。

2. 组织学生看一段20分钟的录像——《新闻面对面：学做小老板》，这是广州电视台专门为番禺职业技术学院工商管理系大型综合实训工商模拟市场拍摄的20分钟专题片。通过录像让学生对该实训课程有个感性和直观的了解。录像可在http://market.xnc.cn网页中的“课程简介”中的“课程宣传片”下载。

3. 在观看录像之后，教师和学生一起共同学习和探讨本章的内容，实现学习目标。

4. 对于实训中运用到的相关课程的理论知识，教师可引导学生做一些重点和有针对性的复习。

5. 学生可通过上网浏览番禺职业技术学院精品课《工商模拟市场实训》网页进行学习。网址为http://market.xnc.cn。

课后作业

1. 你是哪一专业的学生？你认为工商模拟市场综合实训课程会帮助你实训哪些课程？会帮助你培养哪些专业技能？认真思考和总结后，填写表1-2。

表1-2 “工商模拟市场”实训总结表

序　号	工商模拟市场实训的专业技能或培养的综合素质	工商模拟市场实训实践的相关课程和主要理论	备　注
1			
2			
3			
4			
5			
6			
7			
8			
9			
10			
11			
12			
13			
14			
15			

2. 你认为在上述专业技能、综合素质以及相关课程和理论方面哪些相对薄弱，需要在今后实训中重点加强？

3. 从工商模拟市场综合实训的主要环节来看，你更倾向于从事哪一方面的工作，这与你的职业规划、专业特点是否相符？

第2章

工商模拟市场实训组织

学习目标

1. 了解工商模拟市场的组织与分工。
2. 掌握工商模拟市场经营管理办法。
3. 熟悉获取赞助的相关办法与规定。
4. 了解工商模拟市场开业仪式。

工商模拟市场不同于其他实训项目，虽然它是工商管理类或财经类专业学生的一个综合实训项目，但最终它是一个学校全体师生参与，学生全面实训所学理论知识，全过程实训企业生产经营活动的一个系统工程，因而组织工作是关系到工商模拟市场实训成败的关键。

2.1 工商模拟市场的组织与分工

工商模拟市场实训一定要有组织保障，设立专门机构负责整个实训的组织与安排，在此基础上还要进行详细地分工与合作。

2.1.1 成立工商模拟市场筹委会

组织工商模拟市场实训首先要成立工商模拟市场筹委会，工商模拟市场组织机构图如图2-1所示。

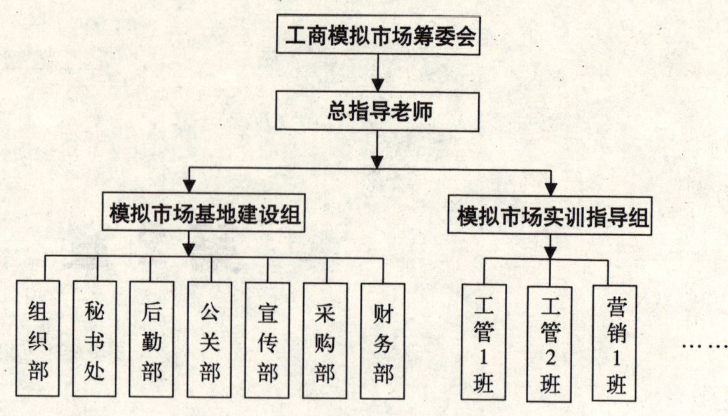

图2-1 工商模拟市场组织机构图

1. 组织机构的组成

（1）筹委会主任由实训学生所在系的系主任担任；

（2）设一名总指导老师，由实训学生所在专业的带头人或专业负责人担任；

（3）设模拟市场基地建设组，组长建议由辅导员担任，下设组织部、秘书处、后勤部、公关部、宣传部、采购部，这些部门的负责人及成员均由学生干部担任；

（4）设模拟市场实训指导组，由各实训班的指导教师负责。

2. 组织机构的具体分工

（1）工商模拟市场筹委会主任：全面指挥、总体协调；

（2）总指导教师：全面指导实训基地的建设及学生的实训；

（3）实训基地建设组：负责工商模拟市场实训基地的建设，确保工商模拟市场实训顺利进行，并以此锻炼一批优秀的学生干部。在这个组中，几个辅导员进行分工，一人负责两个或三个部门；

（4）模拟市场实训指导组：全面、全过程指导学生的工商模拟市场实训。

2.1.2 工商模拟市场实训基地建设工作安排

工商模拟市场实训基地建设是工商模拟市场实训组织工作的主要任务，必须周密安排，在规定的时间内完成相应的任务，以确保工商模拟市场实训的顺利进行。假设工商模拟市场各班的集中实训安排在11月7日至12日举行，各部门应按如下时间和内容完成工作任务。以下涉及人员的名字均为化名，时间仅供参考。

1. 秘书处 秘书长：张雅、郭丽

10月20日～11月15日：负责整理从实训准备到实训总结的全过程的所有资料，要对资料进行分类整理、加工，最后录入电脑。

10月24日：发放并收集参加此次实训的各工商模拟市场企业注册登记表（见表2-1），

并负责核查模拟企业的企业负责人、财务负责人、成员的姓名、宿舍号、联络电话及注册资金和经营范围等内容。

表2-1　工商模拟市场企业注册登记表

企业名称：			
经营范围：			
注册资金：			
企业负责人姓名	宿 舍 号	班　级	联 系 电 话
财务负责人姓名	宿 舍 号	班　级	联 系 电 话
成 员 姓 名	宿 舍 号	班　级	联 系 电 话

10月27日：在工商模拟市场摊位招投标时负责各模拟企业代表签到及摊位招投标结果确认等相关事宜，填写好工商模拟市场摊位招投标成功确认表（见表2-2）；整理出工商模拟市场企业情况登记表（见表2-3）。

11月13日：清点归还桌椅板凳。

表2-2　工商模拟市场摊位招投标成功确认表

企业负责人		企业名称			
摊位号		摊位价		定额税费	
管理费		押金		其他	
工商模拟市场秘书处确认章					

表2-3　工商模拟市场企业情况登记表

序号	模拟企业名称	注册资金	中标号	摊位号	摊位价	税费	押金	管理费	负责人
1	行动者	5 000	76	9	190	50	50	30	* * *
2	创益科技	2 000	167	10	190	50	50	30	* * *
3	PP基地	500	178	15	180	50	50	30	* * *
4	掂档	500	90	16	220	30	50	30	* * *
5	宏信科技	5 000	187	17	200	30	50	30	* * *
6	蓓蕾名饰	250	184	18	160	30	50	30	* * *
7	吾爱金鱼佬	1 000	79	21	170	20	50	30	* * *
8	傻间间	700	174	22	170	20	50	30	* * *
9	QQ 糖	500	176	23	160	20	50	30	* * *
10	Cool-MAX	900	180	24	170	20	50	30	* * *

（续）

序号	模拟企业名称	注册资金	中标号	摊位号	摊位价	税费	押金	管理费	负责人
11	朝欣暮赏	900	183	25	160	20	50	30	* * *
12	金黄猪堡	1 000	156	26	70	20	50	30	* * *
13	盘丝洞	1 000	156	27	160	30	50	30	* * *
14	景婷护美佳	500	154	28	140	20	50	30	* * *
15	汁Love	1 000	108	29	140	20	50	30	* * *
16	Twins姐妹店	800	89	32	160	20	50	30	* * *
17	衣服店	3 000	109	39	100	30	50	30	* * *
18	晶晶首饰	2 000	166	53	70	20	50	30	* * *
19	天祥首饰	2 000	74	55	50	20	50	30	* * *
20	星星相饰	700	104	59	70	30	50	30	* * *
21	kawai	500	186	60	70	30	50	30	* * *
22	任你吃	600	86	73	70	30	50	30	* * *
23	滋味汤	400	187	74	70	50	50	30	* * *
24	Bi哩吧啦	300	169	75	80	30	50	30	* * *
25	Free seven	700	94	76	70	30	50	30	* * *
26	球迷大本营	400	123	78	30	20	50	30	* * *
27	罩住你	300	150	79	30	20	50	30	* * *
28	首饰店	700	89	80	110	20	50	30	* * *
29	丝卷情意	1 000	74	95	50	20	50	30	* * *
30	时尚峰	300	17	96	100	20	50	30	* * *
31	数码精灵	800	130	97	100	20	50	30	* * *
32	星期饰	500	127	98	100	20	50	30	* * *
……	……	……	……	……	……	……	……	……	……

2. 组织部 部长：李毅、刘双

10月23日：划分实训摊位的位置、编排号码，制作摊位布局图，确定摊位起拍价格，交分管辅导员审批。

10月24日：收集其他院系非实训班学生参加工商模拟市场的企业注册登记表（具体要求同实训班级），交分管辅导员审批后，通知其参加摊位的招投标，在此基础上统计出实训所需的摊位数，做好所有摊位的划分图。

10月24日下午：安排好摊位招投标过程的相关事项。

10月25日：在摊位招投标之前，根据后勤部申请到的实训场地制成电脑图片，在图中划分好各摊位，注明各摊位号码、起拍价格及拍卖方法。

10月26日下午：组织摊位招投标的所有工作人员进行彩排。

10月24～11月27日：到学院报社、学院网络中心联系，申请在院报、院网站刊登“工商模拟市场实训”的宣传资料。

10月27日：组织摊位的招投标工作。

11月7日～11月12日：在工商模拟市场实训期间加强市场管理，负责用电防火安全、卫生监督、营业监督等方面的工作并做好记录。

11月7日～11月12日：每晚7:00～8:30负责整个工商模拟市场的抽奖促销活动。

3. 后勤部　部长：张龙、黎群

10月21日：向所在学校的后勤管理部门申请工商模拟市场实训场地以及悬挂广告标语的位置。

10月26日：向学校有关部门申请400张桌、100张凳，向学校申请借用运输车等设备。

11月3日前：与所在学校的后勤管理部门协商模拟市场期间的统一用电问题，并提早买齐所需的灯泡，确保光线充足。

11月3～4日：与校外搭棚公司联系工商模拟市场各摊位棚架的搭建事宜，并于4日完成各摊位棚架的搭建工作。

11月5日：准备投标号码牌（塑料）200个号数；完成5条横幅及贴字任务（工商模拟市场开幕式用）；50条悬挂彩旗（欢迎您光临工商模拟市场等）；负责人流量大的路段照明问题的解决；负责工商模拟市场实训基地的布置与装饰工作。

11月6日：完成工商模拟市场开幕式的舞台搭建工作。

11月6～7日：负责搬运桌、凳，并摆放好（每摊位2张桌）

11月7日下午：负责饮用水、饮水机等的安放工作。

11月12日下午：负责收齐横幅、彩旗、彩灯、舞台装饰，并清查横幅、彩旗、彩灯、舞台装饰的数量。

4. 宣传部　部长：金玲、钟海

10月24日：提出购买宣传用品和工具的计划。

10月25日：申请借用外系宣传栏。

10月26日前：公布工商模拟市场摊位的平面布置图、摊位起拍价、摊位招投标方式、抽奖方式等。

10月26日：公布被批准的可以参加工商模拟市场摊位招投标的模拟企业的名单。

10月27日前：公布工商模拟市场优秀模拟企业的评奖方法。

10月28日：做好工商模拟市场实训活动的宣传工作。

10月29日：公布摊位招投标后各模拟企业的摊位号。

11月7～12日：负责各模拟企业的评比工作。

5. 公关部　部长：何伟、李敏

10月24日～11月5日：安排好工商模拟市场开幕式的全部流程；负责演出节目的选定、排练并训练好一支20人的礼仪队；负责向校外的企业或单位拉取赞助。

11月6日：公布参与赞助“工商模拟市场实训”活动的赞助商名单。

11月7日：负责接待参加工商模拟市场的校内外嘉宾。

11月7～12日：负责跟踪、统计工商模拟市场赞助金额。

6. 采购部　部长：李贤、张庆

10月24日：购买宣传部所用的相关材料和用具。

10月29日：向院学生会申请彩旗。

10月31日：购买实训用发票、账本、报表等财务用品。

11月3日：买齐所需的彩灯和装饰品；买齐所需的照明用电灯和电线；买齐舞台装饰所需的装饰品；买齐开幕式所需的用品。

11月7日：购买饮用水。

7. 财务部　部长：洪燕、吴芳

11月5日：制作好营业执照，向各模拟企业发放发票、账本、报表以及财务管理制度等。

11月12日：负责收取各摊位报表、发票、现金日记账等。

11月13日：负责计算各摊位报表的数据（见表2-4）。

11月20日：发放工商模拟市场实训补贴，通知各模拟企业负责人去系办公室领取(见表2-5)。

表2-4　工商模拟市场企业经营情况表

编号	企业名称	摊位号	注册资金	营业额	利润
1	行动者	9	5 000	2 150	250
2	创益科技	10	2 000	1 750	140
3	PP基地	15	500	1 800	300
4	掂档	16	500	460	120
5	宏信科技	17	5 000	2 456	255
6	蓓蕾名饰	18	250	647	190
7	吾爱金鱼佬	21	1 000	1 116	116
8	傻间间	22	700	900	212
9	QQ 糖	23	500	800	170
10	Cool-MAX	24	900	990	90
11	朝欣暮赏	25	900	1 434.8	157.8
12	金黄猪堡	26	1 000	850	120
13	盘丝洞	27	1 000	780	210
14	景婷护美佳	28	500	560	102
15	汁Love	29	1 000	1 200	109
16	Twins姐妹店	32	800	1 074	264
17	衣服店	39	3 000	1 000	−160

（续）

编号	企业名称	摊位号	注册资金	营业额	利润
18	晶晶首饰	53	2 000	680	25
19	天祥首饰	55	2 000	988	68
20	星星相饰	59	700	780	51.7
21	kawai	60	500	550	0
22	任你吃	73	600	688	8
23	滋味汤	74	400	500	70
24	Bi哩吧啦	75	300	475.8	−134.2
25	Free seven	76	700	750	50
26	球迷大本营	78	400	980	120
27	罩住你	79	300	300	50
28	首饰店	80	700	850	105
29	丝卷情意	95	100	88	8
30	时尚峰	96	300	680	90
31	数码精灵	97	800	1 200	250
32	星期饰	98	500	440	−60
……	……	……	……	……	……
合计					

表2-5　工商模拟市场实训学生补贴表

班　　级	实 训 人 数	补贴（元/人）	总 金 额	班级负责人签名
04房地产	42	15	630	
04工管(1)	49	15	735	
04工管(2)	47	15	705	
04电商(1)	45	15	675	
04电商(2)	41	15	615	
04物流(1)	43	15	645	
04物流(2)	44	15	660	
04物流(3)	45	15	675	
04物流(4)	46	15	690	
合计	402	15	6 030	

2.2　工商模拟市场经营与管理办法

在设立工商模拟市场的组织结构并进行具体的工作分工和安排后，接下来就要制定相关的管理办法，以此规范所有参加实训同学的行为，让大家有法可依、有章可循。工商模拟市场中各实训企业的成立是遵照“注册、经营”完全仿真的形式，为了保证实训活动的顺利进行，特制定如下管理办法：

2.2.1 企业注册管理办法

（1）模拟企业在确定了人员组成、企业负责人、财务负责人、注册资金、经营范围等事项后，需填写企业注册申请表，经工商模拟市场筹委会批准，进行工商、税务登记。

（2）模拟企业负责人要按要求据实填写企业注册申请表，内含企业名称、注册资金、经营范围、企业负责人、财务负责人及成员组成。所有事项不得弄虚作假，一旦发现，取消注册资格。

（3）企业财务负责人按规定的时间领取发票、账本、会计报表。实训结束后按规定的时间交回所有会计报表、发票和账本，用以汇总和评比。

（4）企业名称、人员组成及注册资金和经营范围一经确认，不得随意变更，如有特殊情况需要变更的，应先向秘书处提出申请，经批准后方可变更。

2.2.2 企业经营管理办法

（1）为了保证各模拟企业在经营期间保持良好的秩序和环境，模拟市场组织部特设工商模拟市场稽查队。各模拟企业必须配合稽查队的有关检查。如在经营过程中遇到任何问题或困难，可向稽查队反映，寻求帮助和解决。

（2）各模拟企业的开业必须具备营业执照、工商、税务登记证明等有效证件方可营业。营业期间须将各种证件悬挂在店铺明显地方。如不慎遗失，到工商模拟市场组织部补办手续后（需交纳一定的成本费）方可继续营业。

（3）经营期间，各模拟企业不允许售卖国家禁止售卖的物品，违者一经发现，立即取消营业资格。

（4）经营期间必须严格按照学校要求，不得影响正常上课或同学们的休息，违者经口头警告无效后取消营业资格。

（5）严禁在经营期间使用煤气、石油液化气等危险物品，违者经口头警告无效后取消营业资格。

（6）在工商模拟市场实训期间要做到诚实经营，不弄虚作假，保证商品质量，不缺斤短两，商品明码标价。

（7）每个模拟企业须上交50元押金，整个实训期间由工商模拟市场稽查队定期检查各摊位周围卫生情况及其他规定的执行情况，对于不符合要求的摊位将扣留相应押金。

（8）非实训模拟企业参与工商模拟市场经营须另缴30元管理费，工商模拟市场结束后30元不予退还（划分是否为实训模拟企业的标准是以该企业实训人员是否占到50%及以上为准）。

（9）整个工商模拟市场实训期间学院只提供公共照明用电，各摊位所需电源、电线、电灯等均由各摊位自行解决。工商模拟市场稽查队享有监督各摊位用电情况的权利。

（10）禁止各摊位在校园内砍伐树木、竹子等做装饰材料，一经发现视其违规程度做相应处罚（如扣罚押金、吊销营业执照等。）

（11）整个工商模拟市场实训期间，按摊位级别从高至低分别收取一定的税费，并于摊位招投标时当场收取。

2.2.3 市场经营注意事项

1. 卫生方面

（1）食用工具要保持洁净，使用之前要做到“一洗”、“二刷”、“三冲”。

（2）经营食品要遵循“不购进、加工、出售变质、有毒、有害、超过保质期的食物”。

（3）生熟食品、成品、半成品的加工和存放要有明显标志，分类存放。工具等都要分开处理。

（4）摊位内外不许任意堆放垃圾，要放在工作人员分配的垃圾袋内。

（5）每天都必须做好清洁工作，清洁摊位周围的垃圾。

2. 占地经营方面

（1）各模拟企业除各自摊位所占的位置外，不得占用其他位置，本摊位的物品不得占用人行道位置。

（2）摊位装饰用品不得阻塞正常交通。

（3）没有经过申请批准，不得进行流动售货和经营。

3. 树木砍伐问题

不得砍伐树木和竹子等，如为购买的竹子等物品须附有证明才可用于装饰使用。如有违反不得参加优秀模拟企业的评比，且经警告无效者须扣除一定的押金或吊销营业执照。

4. 用电安全问题

（1）注意用电安全，熟食区每个摊位用电量不得超过1 000W，如超过而导致停电，会影响到整个熟食区的其他摊位，请各企业负责人负责落实。用电量不得超标，否则要承担扣罚押金或吊销营业执照的处罚。

（2）工商模拟市场筹委会向经营生活用品的模拟企业提供灯泡一个，以供同学们实训期间使用，各企业自己负责保管好本摊位的灯泡，实训结束后统一归还。经营生活用品的每个模拟企业统一交纳5元用电工本费。工商模拟市场筹委会向经营熟食的模拟企业提供插座一个，每个插座承受电量不得超过1 000W。熟食区拉电工本费的收取以电器用电量为标准分为4个级别：

电器用电量300W以下，收15元；

电器用电量300W～600W，收20元；

电器用电量600W～1 000W，收25元。

为安全起见，各摊位在供电期间，不允许安装或取下灯泡。

（3）实训区域内任何通电线路不得私自接入或对通电线路进行改动，如必须对线路、插座、电灯等进行改动，须向管理人员反映，再由电工统一安排。实训期间如发现用电突发问题，可直接向市场管理人员反映。

5. 其他方面的问题

（1）经营期间必须将营业执照挂于明显地方，以方便管理人员检查。

（2）各模拟企业经营人员必须为本学院学生（除赞助商外），如发现非本院学生经营摊位，无条件吊销营业执照。

（3）非本次工商模拟市场正式赞助商，不得在工商模拟市场经营期间进行各种宣传。

（4）每日经营时间为早上11:30～中午1:30，下午4:30～晚上9:30分。

2.3 工商模拟市场赞助办法

从以往实践来看，工商模拟市场这一大型实训活动每年都会吸引校内外企事业单位的慷慨赞助、大力支持。同学们也非常踊跃地走向社会去拉赞助，为此必须加强工商模拟市场有关赞助的管理，使之规范地运作。

2.3.1 获取赞助的目的

（1）通过企事业单位的赞助可以获得工商模拟市场实训基地建设的经费。

（2）通过企事业单位的赞助可以让企业走入学校，让企业了解学生、了解学校，通过校企结合为今后大学生的就业奠定基础。

（3）赞助企业可以获得一定的摊位，与同学们共同经营，可以让学生接触企业、了解企业、学习企业，获得课本上难以学到的知识。

（4）拉赞助的过程是一个全面锻炼学生的过程，我们并不太看重拉赞助这一结果，而是看重在向校外企事业单位拉赞助这个过程中所学到的东西，所取得的经验和吸取的教训以及不断完善自己的措施。

2.3.2 拉赞助的管理

（1）在工商模拟市场实训期间，凡是以个人、社团、班级身份出外向企事业单位拉赞助必须首先在工商模拟市场筹委会的公关部登记备案。

（2）通过登记备案发现已有其他人员、社团或班级去过同一家企事业单位，一般情况下不允许再次向同一单位拉取赞助。

（3）拉赞助所需的宣传资料（见附录2A）和赞助方案以宣传部统一对外发布的为准，不允许私自拟定宣传资料和赞助方案。

（4）拉赞助获得成功后要签订协议或合同，协议或合同需由相关老师审定后才能加盖学生所在系的公章。

(5) 获得的赞助经费最好通过转账的形式由学校财务代收，特殊情况经有关老师批准可由学生签收交回学校。

(6) 工商模拟市场筹委会将给成功拉赞助的个人、社团或班级一定额度或比例的奖励。

2.3.3 赞助与加盟方案

企事业单位赞助与加盟工商模拟市场有两种方案，一是成为冠名赞助商；二是成为一般赞助商。

1. 取得冠名权的赞助商

取得工商模拟市场冠名权的单位将和实训学生所在系如工商系一起作为本次实训活动的主办单位。

具体事项如下：

(1) 本次实训活动将命名为“＊＊＊（公司名）工商模拟市场”。

(2) 优先提供3个经营摊位。

(3) 在剪彩仪式上作为赞助商代表发言。

(4) 具有冠名权的只为一家赞助商。为保证公平竞争，工商模拟市场冠名权采取公开竞价方式进行。有意向取得冠名权的单位各自进行书面报价，底价10 000元，出价最高者取得冠名权。

(5) 参与冠名权竞价而未能最后夺标的单位可作为该活动的一般赞助商参加本次活动。

2. 一般赞助商

一般赞助商可以选择以现金或实物形式对本次工商模拟市场进行支持和赞助。

赞助方式如下：

(1) 以现金或实物形式进行支持和赞助但不需要取得摊位。这种形式的赞助金额起点为1 000元。工商模拟市场筹委会将其列入学院公开致谢名录并作为嘉宾应邀参加工商模拟市场剪彩仪式。

(2) 以现金或实物形式进行支持和赞助并取得摊位。这种形式的赞助金额起点为3 000元/摊位（一般不超过三个）；工商模拟市场筹委会将其列入学院公开致谢名录并作为嘉宾应邀参加剪彩仪式，公司在给定摊位内可张贴本企业宣传材料。

2.3.4 赞助单位认募方式

1. 取得冠名权的赞助商

汇款10 000元至学院财务

学校账号：＊＊＊＊＊＊＊＊＊＊　户名：＊＊＊＊＊＊　开户行：＊＊＊＊＊＊

2. 一般赞助商

（1）将认募资金汇入学院财务。

学校账号：＊＊＊＊＊＊＊＊＊ 户名：＊＊＊＊＊ 开户行：＊＊＊＊＊＊＊＊＊

（2）也可直接交付公关部派出的工作人员。

（3）汇、付款时间早的单位先获得摊位选择权。

2.4 工商模拟市场开幕仪式

工商模拟市场的开幕仪式标志着工商模拟市场基地的建设完成，同时也标志着工商模拟市场实训从此拉开序幕。开幕式将邀请各赞助商代表，报纸、杂志、电台、电视台等有关媒体的记者以及兄弟院校的师生光临指导。场面热烈、宏大，当然也需要精心地组织和策划。

2.4.1 开幕式的准备工作

（1）搭建、装饰好开幕式的舞台，准备好相关的设备，如音响等。

（2）在开幕式场地周围悬挂好表明赞助商赞助与加盟的条幅。

（3）向赞助商、媒体、其他院校、本院领导发邀请函。

（4）准备好向赞助商敬赠的锦旗。

（5）准备好给媒体的宣传资料。

（6）准备好开幕式剪彩的所有用品。

（7）准备好开幕式上的庆祝节目。

（8）确定开幕式上本校致辞的领导及赞助商代表。

（9）确定开幕式主持的学生司仪及主持词。

（10）准备好开幕式的礼仪队。

2.4.2 开幕式的流程

（1）开场前的学生舞蹈	（3分钟）
（2）开场白	（3分钟）
（3）介绍赞助商	（1分钟）
（4）介绍媒体	（1分钟）
（5）介绍到场嘉宾	（2分钟）
（6）请学校领导致辞	（3分钟）
（7）请赞助商代表致辞	（3分钟）
（8）向赞助商颁发锦旗	（3分钟）
（9）向模拟企业代表颁发营业执照	（3分钟）

(10) 剪彩　　　　　　　　　　　　　　　　(5分钟)

(11) 舞狮　　　　　　　　　　　　　　　　(5分钟)

2.4.3　开幕式注意事项

(1) 开幕式场面大、人员多，为了保证顺利有序进行应由一名教师全面指挥。

(2) 开幕式上应有专门的人员负责嘉宾接待。

(3) 到场的嘉宾名单事先难以确定，往往是在开幕前几分钟才知道，故需有人跟进此事以报主持人知道。

(4) 开幕式上涉及的用品也不少，要尽早有序地准备好，如剪彩用的花球、剪刀、向赞助商颁发的锦旗、向学生代表颁发的营业执照等。

(5) 在开幕式前要求实训学生先不要开业。

(6) 开幕式组织新生观看，为下一年实训做好准备。

(7) 事先做好充分准备及彩排，保证开业仪式准时顺利开幕。

工商模拟市场开业仪式后，同学们即开始了为期一周的商品经营和企业管理的综合实训。

附录2A　工商模拟市场对外宣传资料范例

“工商模拟市场”期待您的加盟！

工商模拟市场是番禺职业技术学院工商管理系创办的一项大型综合性实训项目，现已成功举办过八届，得到了众多商家的慷慨赞助，吸引了不少媒体的广泛报道，获得了同学们的热烈欢迎。本着办出档次、办出特色、不断创新、不断发展的精神，工商系将于2006年11月7日至12日举办第八届工商模拟市场实训，我们热切地期待您的赞助和加盟，我们热情地欢迎您的莅临与指导。

2A.1　本次活动的主要内容

工商模拟市场就是在学校创办一个仿真的市场，让学生通过创办各类企业、经营各种商品、组织各项活动综合实践所学各门知识，真正做到学以致用、活学活用，切实培养学生的创业精神、创新能力以及商品经营和企业管理的能力。今年的工商模拟市场将于11月7日至12日每天下午4:30至晚9:30在学生宿舍区举行，届时工商模拟市场将生意兴隆，人气兴旺。共有200多个摊位等待学生和商家的竞标，相信会有您一席之地。

2A.2　本次活动的主题

学以致用，参与竞争，创业创新，走向成功。

大学期间的理论学习是为日后进行工作的知识积累，而“学以致用、活学活用”才

是学习的目的和关键所在。竞争将伴随人的一生，逃避不了、逃脱不掉，因而要勇于面对，不断增强竞争能力。创业与创新是社会对大学生提出的要求，没有创业，难有生存；没有创新，难有发展。工商模拟市场就是要给学生一次理论联系实际、参与竞争、创业与创新的机会，为大学生在今后的人生路上，能够走向成功，奠定基础。工商模拟市场为学生搭起了实践所学理论，展示经商能力的舞台；同时也为众多商家提供了一个充满商机的平台。

2A.3 本次活动的商业价值和社会效益

（1）今年我校招生异常火爆，又增3 000多名新生，现全校在校生共计7 000余人，大多为番禺本地人，另外还有600多名教职员工。他们的消费从校园到社会，从现在到未来，从本人到家庭，无时不锁定番禺市场，无处不体现商机无限，相信聪明的商家早已看准了这个相对稳定又逐步扩大的顾客群。

（2）每年的工商模拟市场，我们都会邀请当地各有关媒体和有关部门的领导光临，届时你们就可通过电视台、报纸、杂志和网络等媒体免费为您的商品做广告。另外，您大力支持教育的义举，不仅是对您的有形商品的宣传，同时也是对您企业文化的展示，我们相信您的义举会得到全社会的关注和支持。

（3）本次活动的组织与安排，我们将按市场化、商业化的方式进行运作，请有专业知识和实践经验的教师作指导。我们成立模拟市场筹委会，招聘相关工作人员，组成各专业组，各司其职，各负其责。我们做到财务政务公开、市场管理公正、竞争与评奖公平。相信这次活动能为您提供一个良好的投资环境，让您倍感受益。

（4）我们希望您能得到本次活动的冠名权，我们期待您的慷慨赞助，与我们共同主办、协办这次活动；我们也欢迎您加盟我们的工商模拟市场，把您超前的经商理念和先进的管理经验带给我们。

工商模拟市场热切期待着商家的加盟，相信我们的合作定会双赢和多赢！工商模拟市场热烈欢迎各媒体、各嘉宾以及全校领导、师生的光临！相信您会给我们留下宝贵的意见！

第3章

工商模拟市场实训基地的建设

学习目标

1. 所有实训学生熟悉实训摊位的布局与划分。
2. 所有实训学生掌握摊位招投标的规定和办法。
3. 学生干部掌握实训基地建设的条件和方法。

几乎所有校内实训室都会在校园某一建筑物内进行建设。实训室的建设均需要固定专用的场地、设备和日常管理人员，因而无论是建设还是维护都需要一笔不小的开支。如果实训室的利用率很高，其效益也会明显，否则可能造成大量人力、物力的浪费。工商模拟市场实训室改革传统建设思路，它是在校园学生宿舍区或广场等处露天搭建，需要时校企共建，一部分社会化外包；不需要时随即拆除，成本低、效果好。为了锻炼学生的组织策划能力，工商模拟市场实训基地的具体工作全部由学生完成，系领导和专业教师起指导、协调和监控的作用，这样就为学管理且有志于将来做管理的学生提供了难得的实训机会。

3.1 主要建设过程及所需资源条件

实训基地的建设是每一次工商模拟市场实训的主要内容，这个过程是保证工商模拟市场实训成功与否的关键，同时也是锻炼学生干部组织策划、管理协调、团队合作的一个难得的机会。

3.1.1 实训基地建设过程及要求

（1）工商模拟市场实训前，成立由系领导、指导教师和学生干部组成的模拟市场筹备委员会。

(2) 工商模拟市场场地设在校园内学生生活区或较为空旷的地方，要能够同时容纳实训学生的商品经营和学校所有师生的购物、参观。

(3) 根据实训学生组成的模拟企业数量和非实训学生组成的模拟企业数量以及赞助商所需的摊位数，在场地中划分出摊位。如番禺职业技术学院每次划分出供250个模拟企业共同经营的摊位，满足几个专业1 000余名学生同时进行商品经营活动。

(4) 摊位在每次工商模拟市场活动开始前一周搭建完毕，这项工作外包给社会上的专业公司来做，主要是用粗竹竿搭建，每个摊位的建设成本不足20元，用完后再由公司拆除。有些摊位需要配备桌子（或柜台）由学校解决。实训基地的建设费用可由摊位招标费、企业赞助费或学生实训经费解决。

(5) 由于商品销售活动在下午四点半到晚上九点半进行（目的是保证客源），所以需要有照明设备；有些摊位经营熟食，用电量较大，因而用电线路的架设是工商模拟市场实训室建设中的一个重要部分，由系里协调学校电工帮助解决。

(6) 要有用于开幕式、演出、迎宾、展示会等的舞台，搭建舞台的工作一般由获得冠名权的企业赞助解决。

(7) 要有提供工商模拟市场活动所需的资料、广告、招牌、宣传单等物品的印刷、制作条件。

(8) 要有学生进行实训时所需的模拟营业执照、账本、发票（收据）、验钞机等物品。

3.1.2 需要的物资准备计划

工商模拟市场基地的建设以及开幕式需要的设备及材料一定要考虑齐全，事先做好充分准备，以确保工商模拟市场基地建设的顺利进行。所需设备及材料的购买遵循“能借不买”、“少花钱、多办事”的原则，主要物资可参照表3-1准备。

表3-1 工商模拟市场所需物资配备表

序号	品名	规格	数量	购买或租用
1	大横幅布	0.6×8米	2	购买
2	小横幅布	0.4×4米	5	购买
3	招贴画纸	0.8×1米	10	购买
4	舞台后面墙板	6×2米	1	购买
5	地毯	1.2×32米	1	购买
6	竹杆	长2米以上	1 200根	租用
7	铁丝	细	1.5公斤	购买
8	照明电线	100米／卷	4卷	购买
9	灯泡	40瓦	250个	购买
10	电开关	普通	10个	购买
11	红纸	0.8×1.2米	20张	购买

（续）

序　号	品　名	规　格	数　量	购买或租用
12	柜台桌	普通	250张	租用
13	保险柜	普通	1个	购买
14	账簿	普通	220本	购买
15	电脑	普通	2台	租用
16	扩音设备	普通	1套	租用
17	验钞机	普通	2台	购买
18	照相机	数码	2台	租用
19	雨篷塑料布	普通	1 000米	购买
20	手电筒	普通	5支	购买
21	打印纸	A4	1箱	购买
22	请柬	普通	100张	购买
23	剪彩用花球	中型	10	购买
24	礼仪小姐服装	均码	20	租用
25	抽奖用奖品	价格在2～20元不等	50件	不同品种

3.2　学生实训摊位的布局与划分

学生在工商模拟市场实训中最基本的条件是要有一个供他们经营商品的摊位，获得了这个摊位后学生即可将其布置装饰成一个店铺开展他们的商品经营和企业管理。

3.2.1　学生实训摊位的分区

学生实训摊位一般选在靠近或围绕学生宿舍区周围的一些较为宽敞的地带。由于学生经营范围的不同，可对学生实训摊位进行分区。从以往经验看，每次工商模拟市场实训都有不少学生经营熟食，而在熟食中又有不少是烧烤。这类商品的经营一是用电比较多；二是容易产生垃圾；三是会有油烟等污染环境。正因如此，这类商品的摊位应布置在离学生宿舍稍远的地方，如学生食堂周围、篮球场等地。而其他经营生活用品的摊位不会产生上述问题，因而可设在学生宿舍周围。

3.2.2　学生实训摊位的划分

确定了工商模拟市场摊位的平面布置以后，需要将其划分成实训所需要的摊位。像番禺职业技术学院每一年的实训会在确定的区域内划分200多个摊位。摊位划分的原则是依地形走势，一般摊位长2～3米，宽1.5米。由于不同的地段客流量不同、商机不等，也因为地形位置限制造成摊位大小不一，因而摊位可划分为黄金摊位和一般摊位。而一般摊位又可划分为一级摊位、二级摊位和三级摊位。模拟市场筹委会可根据摊位的不同等级确定不同的摊位起拍价格。

请参看图3-1、图3-2和图3-3，这是番禺职业技术学院根据它的实际情况确定的第七届工商模拟市场摊位布局平面图，共有三个平面布置。

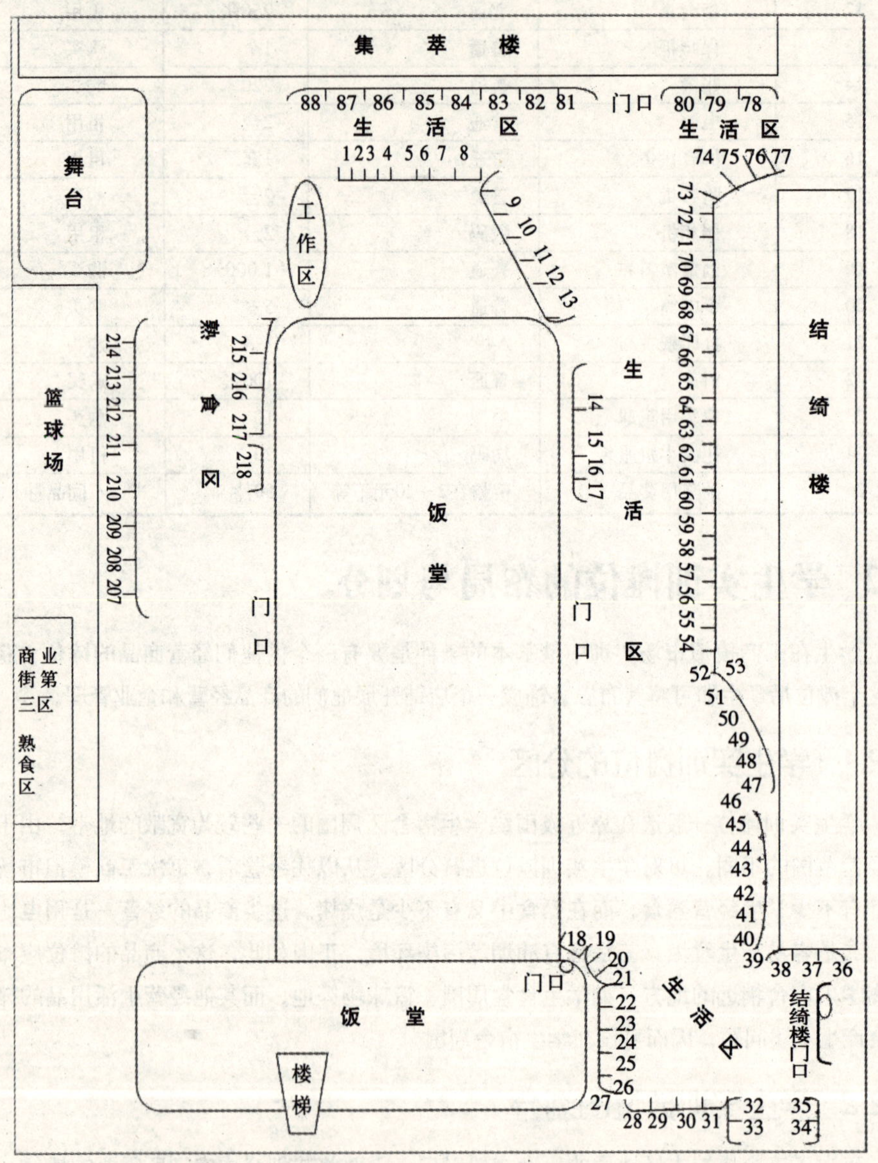

图3-1 番禺职业技术学院工商模拟市场第一区平面布置图

3.3 学生实训摊位的价格

学生实训摊位的价格是学生在商品经营中的固定成本，也是学生非常关注的部分，因而摊位的价格最好由市场的供需情况确定。这样也好让学生感受市场机制的作用，也会让学生从竞争中受到锻炼。

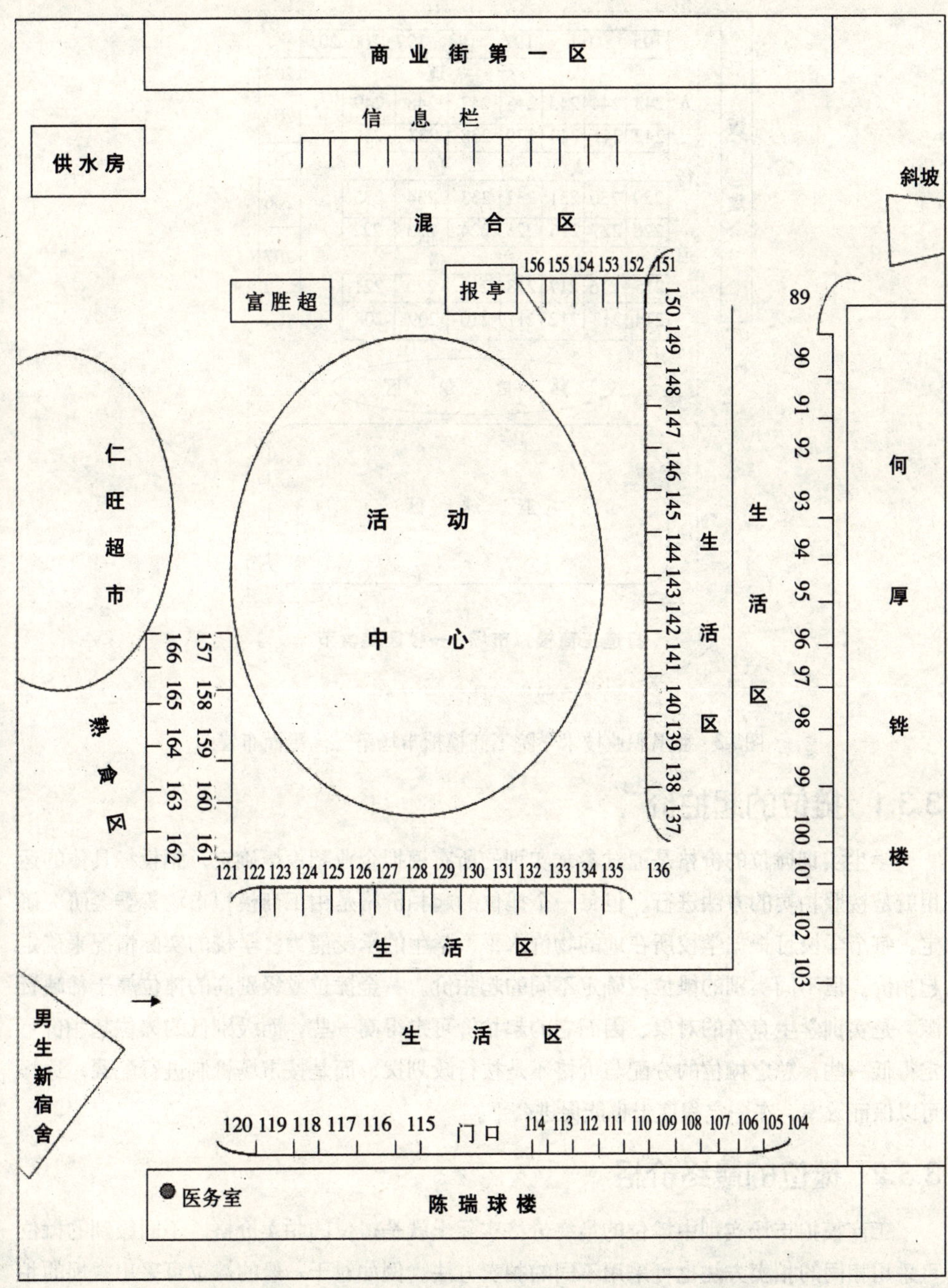

图3-2　番禺职业技术学院工商模拟市场第二区平面布置图

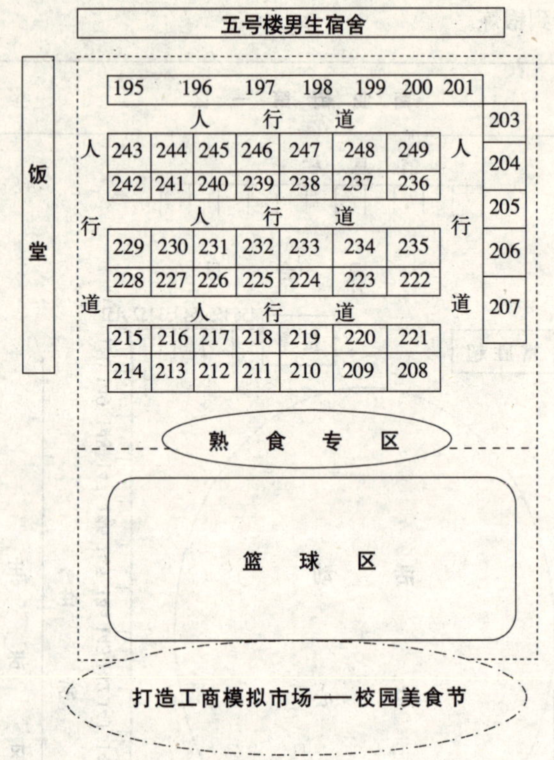

图3-3 番禺职业技术学院工商模拟市场第三区平面布置图

3.3.1 摊位的起拍价

学生实训摊位的价格是通过参加实训的所有模拟企业招投标确定，招投标具体的运用就是按照拍卖的方法进行。但每一个摊位的起拍价格是由工商模拟市场筹委会研究确定。每个学校可根据学校所在地的物价水平、学生的承受能力、学校的实际情况来确定起拍价。但不同类别的摊位应确定不同的起拍价。黄金摊位或级别高的摊位属于稀缺资源，是实训学生竞争的对象，因而它的起拍价可定得高一些，而级别低的摊位起拍价可定得低一些。总之摊位的分配与价格不是按行政划拨，而是按市场机制进行配置，这样可以保证效率，在一定程度上也能促进公平。

3.3.2 摊位的最终价格

工商模拟市场实训中摊位的最终价格实际上就是摊位的拍卖价格。不同级别的摊位可采用相同的拍卖方法也可采用不同的拍卖方法。例如对于一般的摊位可采用常规的拍卖方法，即：如果起拍价为20元，可以此为底价，10元或5元一次地往上拍，最后价高者得。而对于黄金摊位也可采用荷兰拍卖法进行拍卖。即：如果起拍价定为260元，以此为最高限价，10元或5元往下拍，最后也是价高者得。

请参看表3-2，这是番禺职业技术学院第七届工商模拟市场的各摊位的起拍价格和方法。

表3-2　番禺职业技术学院工商模拟市场摊位价目表

1. 起拍价：20元/个，有如下摊位： (2米×1.5米)：106、107、108、109、110、111、112、113、114、115、116、117、122、123、124、125、126、127、128、129、130、131、132、133、134、135
2. 起拍价：30元/个，有如下摊位： (3米×1米)：32、33、34、35 (2米×1.5米)：21、22、23、24、25、26、28、29、30、31、36、37、38、40、41、42、43、44、45、46、47、48、49、50、51、52、53、54、55、56、57、58、78、79、80、90、91、92、93、94、95、96、97、98、99、100、101、102、103、104、105、118、119、137、138、139、140、141、142、143、144、145、146、147、148、149、150、151、157、158、159、160、163、164、165、166、174、175、176、177、178、179、182、183、184、185、186、187、188、189、190、191、192、193
3. 起拍价：70元/个，有如下摊位： (2米×1.5米)：16、17、59、60、61、62、63、64、65、66、67、68、69、70、71、72、73、75、76、77、153、154、155、156、167、168、169、170、171、172、173、180、181、194、207、208、209、210、211、213、214 (2.5米×1.5米)：18、19、20、27、39、121、136、161 (3米×1.5米)：162、195、196、197、198、199、200、201、202、203、204、205、206
4. 黄金摊位：260元/个（以荷兰式拍卖）有如下摊位： 9、10、11、12、13、14、15、74、89、120、152、212、215、216、217、218

注：黄金摊位，参照荷兰拍卖方法，由260元依次递减，每次叫价递减10元，由最先举牌竞投的一组获得摊位。

3.4 实训摊位的招投标

实训学生通过摊位的投标获得赖以进行商品经营和企业管理的场地，因而需了解相关的管理办法并遵照执行。

3.4.1 摊位投标的有关规定

（1）实训摊位按商品种类分二个区域：熟食区和生活用品区。

（2）每个模拟企业按照自己所经营商品的范围来选择区域投标，如临时改变，需要调整须经工商模拟市场筹委会批准，办理相应手续。

（3）摊位的招投标分为两轮进行，第一轮面向实训班的同学优先进行；第二轮是面向非实训班对剩余的摊位进行招投标。

（4）为公平和方便起见，工商模拟市场摊位招投标采取拍卖的方式。

（5）每个模拟企业只能派两个代表参加摊位投标。参加投标时必须首先签到，工作人员将给每个模拟企业派发一个号码，作为该企业的竞拍号码。

（6）所有摊位的招投标按工商模拟市场筹委会确定的起拍价、每次叫价金额和拍卖方法进行，价高者得。

（7）投标成功后办理相关手续，签名确认摊位，并交齐相关费用，否则当弃权处理，由模拟市场筹委会收回并进行再次拍卖。

（8）招投标过程中如有异议，应立即向场内工作人员提出，通过他们向上反映，不得大声喧哗扰乱会场秩序。

（9）摊位招投标设拍卖官一名，助理两名和四位公证人。

（10）各模拟企业成员必须服从上述要求及工作人员的安排以确保摊位招投标的顺利进行。

3.4.2 摊位招投标的准备与过程

（1）工商模拟市场筹委会应将所有要拍卖的摊位向同学们公示三天以上。

（2）工商模拟市场筹委会确定摊位招投标的具体时间和地点及具体要求，并通知各模拟企业。

（3）工商模拟市场筹委会在招投标会场门口设置签到处，发放投标牌号。每个模拟企业参加投标的代表不得超过2人，领取投标牌后依次进场。

（4）进场顺序：第一场由实训班进行投标；第二场由非实训班投标。非实训班没有开始投标之前由工作人员带领到休息室等候投标。在休息室设置咨询台，为等候投标的同学提供咨询。

（5）招投标会场中由工作人员维持秩序，参与投标的人员有问题可以向工作人员咨询或请工作人员代办事情，不得随意走动。

（6）招投标开始后，遵循上节所列规定进行，招投标过程中若出现同时叫价的情况，由公证员投票决定哪一组最先举牌。

（7）投标成功后，由会场工作人员带领投标成功的模拟企业代表到会场秘书处工作人员那里登记摊位号，秘书处登记后由会场外工作人员带领投标成功的企业代表到财务部交纳摊位费、税费、押金和管理费，财务部加盖印章予以确认，确认无误后即可将投标牌交还工作人员表明投标成功。

■ 课后作业

模拟企业成员共同商讨：

1. 选择要投标的几个目标摊位。
2. 确定每个摊位的心理价位。
3. 确定参加摊位招投标的两个代表。
4. 明确摊位招投标的基本策略。

第 4 章

集中实训前的准备

学习目标

1. 了解开店的基本知识。
2. 成功地组建模拟企业。
3. 能够进行深入的市场调查。
4. 能够制定较为完善的企业经营方案。
5. 能够顺利进行企业注册和摊位招投标。
6. 能够较好地完成摊位的设计和布置。

工商模拟市场的集中实训即开店经营，虽然只是一两周的时间，但各个模拟企业集中实训前的准备则需要花去同学们大量的课外时间。而工商模拟市场的实训事实上也包含两方面的内容，一是为期一周或两周的集中实训，即所有模拟企业同时开店经营；二是各模拟企业在集中开店前的分散实训，而这部分的重要性不比前者差，从实际情况看分散实训的效果直接决定了集中实训的模拟企业经营成果。大凡盈利的模拟企业都是因为前期的准备工作做得充足到位；大凡亏损的模拟企业都是由于前期的准备不认真或不充分。因而做好集中实训前的准备工作，认真完成这期间的分散实训是工商模拟市场实训的重要组成部分。

4.1 开店的基本知识

创办一家企业，开设一家店铺，必须做好相关知识的准备。否则你无法保证创业的成功，还可能会因违背国家的法律法规，给自己带来不必要的损失。我们的工商模拟市场实训毕竟是在校园内创办模拟的企业，相关的程序和规定要简单得多，但为了让大家更全面、更真实地了解现实企业创办的过程，为日后就业和创业奠定基础，我们还是应当了解以下相关的知识。因为准备必要的商务知识和专业知识，是开店的第一课。

4.1.1 基本商业知识

创办一个企业或开设一家店铺，需要掌握的商业知识很多，以下为需要重点掌握的内容。

1. 合法开业知识

（1）有关私营及合伙企业、有限公司的法律法规。

（2）怎样进行验资。

（3）怎样申请开业登记。

（4）哪些行业不允许私营。

（5）哪些行业的经营需办理有关行业的管理手续。

（6）怎样办理税务登记。

（7）纳税申报有哪些规定的程序。

（8）如何领购和使用发票。

（9）银行开户程序和有关结算规定。

（10）你应该交哪些税费，如何交纳。

（11）怎样进行账务票证管理。

（12）国家对偷税等违法行为有哪些制裁措施。

（13）工商管理部门怎样进行经济和管理方面的检查。

2. 营销主要知识

（1）市场预测与调查。

（2）消费心理和特征。

（3）定价方法和策略。

（4）产品知识。

（5）销售渠道和方式。

（6）营销管理知识。

3. 货物知识

（1）批发、零售知识。

（2）货物种类、质量和有关计量知识。

（3）货物运输知识。

（4）货物保管贮存知识。

(5) 真假货物识别知识。

4. 资金及财务知识

(1) 货币金融知识。

(2) 信用及资金筹措知识。

(3) 资金核算及记账知识。

(4) 证券、信托及投资知识。

(5) 财务会计基本知识。

(6) 外汇知识。

5. 服务行业知识

(1) 服务行业管理的法律法规。

(2) 各专业服务行业的行业规则、业务知识。

6. 经济法常识

(1) 劳动用工及社会保障知识。

(2) 公关及交际基本知识。

对开店者来说，上述知识是最主要的知识，但也不需要全部都掌握，只需掌握与你选择的行业、市场相关的知识，各取所需即可。

4.1.2 申请营业执照

1. 申请条件

到工商行政管理部门进行登记申请，应当具备以下条件：

(1) 有符合规定的名称和章程。

(2) 有国家授予的企业经营管理的财产或者企业所有的财产，并能够以其财产独立承担民事责任。

(3) 有与生产经营规模相应的经营管理机构、财务核算机构、劳动组织以及法律或章程规定必须建立的其他机构。

(4) 有必要的与经营范围相适应的经营场所和设施。

(5) 有与生产经营规模的业务相适应的从业人员，其中专职人员不得少于8人。

(6) 有健全的财会制度，能够实行独立核算，自负盈亏，独立编制资产负债表。

(7) 有符合规定数额并与经营范围相适应的注册资金。

(8) 有符合国家法律、行政法规和政策规定的经营范围。

(9) 法律、行政法规规定的其他条件。

2. 提交的材料

经营者应当向工商行政机关提交下列文件、证件，以待其进行审核。

（1）组建负责人签署的登记申请书。

（2）主管部门或者审批机关的批准文件。

（3）经主管部门审查同意的企业章程。

（4）资金信用证明、验资证明或者资金担保。

（5）企业主要负责人的身份证明，包括任职文件、附照片的个人简历（由人事关系所在单位或者乡、镇、街道出具）。

（6）住所和经营场所使用证明，包括产权证明、租赁期一年以上的房屋租赁协议等。

（7）其他有关文件、证件。

3. 牢记的事项

登记注册，是国家建立企业的正常市场进入制度，确认企业的法人资格或营业资格，行使国家管理经济职能的一项行政监督管理制度。它是对企业法人资格依法确认的具体反映，是企业合法经营的依据，它具有法律效力。企业在核定的登记注册事项的范围内，从事生产经营依法享有民事权利，承担民事义务，受到法律保护。它分为企业法人登记注册事项与企业营业登记注册事项。

开店法人登记注册事项主要有：名称、住所、经营场所、法定代表人、经济性质、经营范围、经营方式、注册资金、从业人数、经营期限、分支机构等。

开店营业登记注册的事项主要有：名称、地址、负责人、经营范围、经营方式、经济性质、隶属关系、资金数额等。

4.1.3 进行税务登记

税务登记，也叫纳税登记，它是税务机关对纳税人的开业、变动、歇业以及生产经营范围变化实行法定登记的一项管理制度。凡经国家工商行政管理部门批准，从事生产、经营的公司等纳税人，都必须自领营业执照之日起30日内，向税务机关申报办理税务登记。

从事生产经营的公司等纳税人应在规定时间内，向税务机关提出申请办理税务登记的书面报告，如填写税务登记表。

1. 税务登记表的主要内容

税务登记表的主要内容包括：

（1）企业或单位名称，法定代表人或业主姓名及其居民身份证、护照或其他合法入境证件号码。

（2）纳税人住所和经营地点。

（3）经济性质或经济类型、核算方式、机构隶属关系。核算方式一般有独立核算、联营和分支机构三种。

（4）生产经营范围与方式。

（5）注册资金、投资总额、开户银行及账号。

(6) 生产经营期限、从业人数、营业执照号及执照有效期限和发照日期。

(7) 财务负责人、办税人员。

(8) 记账本位币、结算方式、会计年度及境外机构的名称、地址、业务范围及其他有关事项。

(9) 总机构名称、地址、法定代表人、主要业务范围、财务负责人。

(10) 其他有关事项。

2. 填报税务登记表应携带的证件和材料

店铺经营者作为纳税人在填报税务登记表时，应携带下列有关证件或资料：

(1) 营业执照。

(2) 有关合同、章程、协议书、项目建议书。

(3) 银行账号证明。

(4) 居民身份证、护照或其他合法入境证件。

(5) 税务机关要求提供的其他有关证件和资料。

3. 办理税务登记的程序

店铺经营者办理税务登记的程序是：先由经营者主动向所在地税务机关提出申请登记报告，并出示工商行政管理部门核发的工商营业执照和有关证件，领取统一印刷的税务登记表，如实填写有关内容。税务登记表一式三份，一份公司留存，两份报所在地税务机关。税务机关对公司等纳税人的申请登记报告、税务登记表、工商营业执照及有关证件审核后予以登记，并发给税务登记证。

税务登记证是经营者向国家履行纳税义务的法律证明，经营者应妥善保管，并挂在经营场所明显之处，亮证经营。税务登记只限企业经营者自用，不得涂改、转让，如果发生意外毁损或丢失，应及时向原核发税务机关报告，申请补发新证，经税务机关核实情况后，给予补发。

以上店铺开业知识以及过程和程序是真实的市场企业必备的，作为工商模拟市场我们在开业前要重点做好以下方面的准备。

4.2 组建模拟企业

组建模拟企业是关系到实训成功与否的关键。参加实训的学生必须加入一个模拟企业并负责相应岗位的工作。

4.2.1 人员组合

实训的学生应本着“优势互补、取长补短、自愿结合”的原则成立模拟企业，每个企业一般为5～10人。企业的组建以宿舍成员为基础比较好，这样一方面团队成员的配合比较默契，另外一方面有更充分的时间去沟通、去合作。但是同宿舍组成一个企业的最大弊端是由同性同学组成，这样很难优势互补，因为一个企业的经营与管理确实需要“男女搭配”，这样才能取长补短，因而如果人员数量合适，可以考虑男女生宿舍合作，若来自不同的专业，也有可能效果更好。

4.2.2 职责分工

模拟企业人员组合完成后，根据企业的有关职能以及成员的特点进行分工协作，要有模拟企业的企业负责人、财务负责人、采购人员、营销人员、生产制作人员等等。以下为一模拟企业的人员特点分析：

梁辉——特点：有魄力、会组织、善协调 、做事认真负责、时间观念强
　　　　职责：负责组织与协调各项工作

梁伟——特点：能说会道够幽默、出手快动作帅、交际能力强、有艺术天分
　　　　职责：负责铺面设计、调查、营销

李宝——特点：够细心、精打细算、会压价、对数字敏感、计算能力强
　　　　职责：负责财务、内务、调查、营销

陈华——特点：了解行情状况、善推销与交际、了解一般人喜好、体验生活
　　　　职责：负责内务、铺面设计、调查、营销

陈慧——特点：聪明有主见、处事坚持不懈有耐力、吃苦耐劳
　　　　职责：负责铺面装修、投标、采购、营销

陈金——特点：做事谨慎中有圆滑、脑筋灵活、多计谋、善制作
　　　　职责：负责出谋划策、调查、采购、营销

何志——特点：专业能力强、知识面广、人缘好、了解内部运作
　　　　职责：负责填写资料、投标、采购、营销

汪虹——特点：动手能力强、富有艺术天分、会制作、能做一手好食物
　　　　职责：负责宣传、铺面设计、营销

余玲——特点：活泼可爱、开朗善交际、自理能力强
　　　　职责：负责公关、调查、营销

4.2.3 团队精神

团队精神的培养是一个模拟企业最终能否实现有效经营与管理，达成实训目标的最重要的一个方面。一般来说，每个模拟企业不是很大，相应的人员配备也不多，容易形成比较融洽的关系；但另一方面，如果处置不当，也会产生严重的内耗，甚至形成小团体，使店内成员人心不稳，给企业管理带来很大的困难。从这个意义上讲，培养一种团队精神，使同学之间能够互相交流，互相沟通，可使每个同学都意识到自己是整个集体的一分子，使大家能够同舟共济。

1. 团队精神的功能

（1）目标导向功能。团队精神的培养，可使店内人员齐心协力，拧成一股绳，朝着一个目标努力。对单个店员来说，团队要达到的目标即是其所努力的方向，团队整体的目标就是分解成各个小目标在每个成员身上得到落实。

（2）凝聚功能。任何组织群体都需要一种凝聚力。传统的管理方法是通过组织系统自上而下的行政指令，这淡化了个人感情和社会心理等方面的需求，而对于我们学生实训组成的这个团体来讲也不现实。但团队精神则通过成员在共同的实践中形成的价值观、习惯、动机、兴趣等文化心理来沟通人们的思想，引导人们产生共同的使命感、归属感和认同感，反过来再逐渐强化团队精神，产生一种强大的凝聚力。

（3）激励功能。团队精神通过成员的自觉性向团队中最优秀的人员看齐，通过团队成员之间正常的竞争来达到激励功能。而且这种激励不是单纯停留在物质基础上，而是为了得到团队认可，获得团队中其他成员的尊敬。

（4）控制功能。团队成员的个体行为需要控制，群体行为也需要协调。团队精神所产生的控制功能，是通过团队内部所形成的一种观念的力量、氛围的影响来约束、规范、控制成员的个体行为，这种控制不是自上而下的硬性强制力量，而是由硬性控制转向软性控制；由控制团队成员的行为，转向控制团队成员的意识；由控制成员的短期行为，转向对其价值观和长期目标的控制。因此这种控制更为持久有意义，而且容易深入人心。

2. 培养团队精神的方法

团队精神的培养是一项重要的基础性工作。团队精神的缺乏，必然使团队成员人心涣散、严重内耗，从整体上削弱了店铺经营的活力，严重影响到店铺的生存和发展。团队精神培养的责任应落在店长的肩上。可以说，整个店铺就是一个整体，是由每一个员工所组成的一个团队，店长作为店铺的经营者，应该有意识地培育团队精神。为此店长应该注意的事项如下：

（1）要形成整个团队大多数成员共同认可的价值观和行为规范。在此基础上将有共同立场的同学集合起来，形成核心力量，并以此带动整个团队的所有成员。重点是，唤起团队中每个人的荣誉感和自觉性，如此一来，就可以让成员自然地具备相互扶持、志同道合的精神。

（2）确立店铺经营或实训活动的目标，并让团队的成员时刻意识到要为共同的目标而努力。在目标之下，让各成员提出对自己职务上的目标，这样问题会比较少。如能在团体中让他们拥有共同连带的目标，对工作会有很大帮助。

（3）态度是团队合作中的一种重要的影响力量。开店以及经营管理的过程从来都不会一帆风顺，只有保持积极的态度，才会在面临困难时不畏缩，坚强自信，也才能轻松跨越障碍。

（4）每个模拟企业还应制定自己团队的规章制度，以此来规范和约束大家的行为。

在此基础上还应做好相应的考核工作，为实训结束后团队成员的成绩互评提供基础的、真实的和可靠的考核依据，从而保证绩效考核的公平、公正和公开。

4.3 开展市场调查

每个模拟企业均应根据所在学校师生这一特定的市场需求及消费特点制定市场调查计划，设计市场调查表，印刷100～200份，以多种形式和方法开展市场调查，最后整理、统计、分析调查资料，完成调查报告，为下一步经营打好基础。

市场调查是市场运作中必不可少的一个环节，市场调查同时也是一个项目策划前期准备工作的重要组成部分，只有在深入细致的市场调查的前提下，营销策划和市场操作才有规可循，也只有这样，才有可能获得成功。工商模拟市场实训这一项目也必然需要对你所在学校这个特定的市场进行调查，而且根据不同的市场环境和企业本身特点，在操作过程中往往会有所变化，但是作为一个最重要也是最有效的办法——问卷调查法始终被业内人士看做制胜的法宝。

4.3.1 问卷调查的设计

在问卷调查中，问卷设计是非常重要的一个环节，甚至决定着市场调查的成功与否，在工商模拟市场实训中问卷设计必须要注意以下几个要点：

1. 明确调查目的和内容

在问卷设计中，最重要的一点，就是必须明确调查目的和内容，这不仅是问卷设计的前提，也是它的基础，为什么要做调查？而调查需要了解什么？市场调查的总体目的是为市场经营决策提供参考依据。调查的内容可以是涉及到顾客的意见、观念、习惯、行为和态度的任何问题，可以是抽象的观念，也可以是具体的习惯或行为。例如对商品品牌的喜好、购物的习惯和行为，等等，但是应该避免的是在调查内容上有使被调查人难以回答，或者是需要长久回忆而导致模糊不清的问题。

2. 明确针对人群，问卷题目设计、语言措辞选择得当

问卷题目设计必须有针对性，对于不同层次的人群，应该在题目的选择上有的放矢，必须充分考虑受调人群的文化水平、年龄层次和协调合作可能性，除了在题目的难度和题目性质的选择上应该考虑上述因素，在语言措辞上同样需要注意这点，因为在面对不同的受调人群的时候，由于他们的各方面的综合素质和水平的差异，措辞上也应该进行相应的调整，比如面对家庭主妇做的调查，在语言上就必须尽量通俗，而对于文化水平较高的城市白领，在题目和语言的选择上就可以提高一定的层次。只有在这样的细节上综合考虑，调查才能够顺利进行。

3. 问卷设计的题目答案，必须充分考虑后续的数据统计和分析工作易于操作

目前做市场调查的人员，一般都能考虑到市场调查的目的和内容，在题目选择和语

言措辞上也能够综合考虑到各种因素，但是往往容易忽视的一个问题就是数据的统计和分析，所以在整合和衔接上就容易出现偏差，为了更好地进行调查工作，除了在正确清楚的目的指导下进行严格规范的操作，还必须在问卷设计的时候就充分考虑后续的数据统计和分析工作，具体来说设计的题目答案，必须是容易录入的，而且可以进行具体的数据分析的，即使是主观性的题目的答案在进行文本规范的时候也要具有很强的总结性，这样才能使整个环节更好地衔接起来。

4. 问卷卷首最好要有说明，如称呼、目的、填写者受益情况、主办单位等

由于调查的目的和调查内容不同，针对的群体也不尽相同，由于受到受调人群配合的积极性的影响，市场调查在操作上往往会比较困难，这也是很多市场调查往往做一些赠送返利等的原因。但是作为操作市场调查的策划人员，就应该从这点上充分地尊重受调人员，因此在问卷的设计上也应该尽量规范，同时必须要有受调人员有权利知道的内容，对调查的目的、内容进行一个说明。具体来说，需要有一个尊敬的称呼，填写者的受益情况，主办者和感谢语。同时，如果问卷中有涉及个人资料，应该要有隐私保护说明。只有尊重受调人群，才有可能调动他们的配合积极性。

5. 问卷的问题数量合理化、逻辑化，规范化

问题的形式和内容固然重要，但是问题的数量同样是保证一份问卷调查是否成功的很关键的因素，由于时间和配合度的关系，人们往往不愿意接受一份繁杂冗长的问卷，即使风度地接受，也可能不认真地完成，这样就不能保证问卷答案的真实性。同时在问题设计的时候也要注意逻辑性的问题，不能产生矛盾的现象，并且应该尽量避免假设性问题，保证调查的真实性。为了使受调人员能够更容易回答问题，可以对相关类别的题目进行列框，受调人员一目了然，在填写的时候自然就会比较愉快地进行配合。另外，主观性的题目应该尽量避免，或者换成客观题目的形式，如果确实有必要的话，应该放在最后面，让有时间和能配合的受调人员进行一定的文字说明。

最后，即使是一份很认真完成的问卷，也不是一制定好就是完美的，必须要经历实践的考验。所以在问卷初步设计完成时，应该设置相似环境，小范围试填写，并对结果反馈，及时进行修改，只有这样，才能够达到市场调查的终极目的，即以准确的数据和严密的分析为策划提供一个有价值的参考。

表4-1是一份定位于“熟食”的问卷，你认为它的优点是什么？有无需要改善的地方？

表4-1　工商模拟市场熟食调查问卷

亲爱的同学：

你好!这是一份关于熟食的工商模拟市场的调查问卷，现需占用你1～2分钟的时间完成。请将你的答案填写在括号里，你真诚的答案将会给我们带来一定的帮助。谢谢合作!

1. 你打算在工商模拟市场上花费多少钱？（　）

A. 10元以下　　B. 11～30元　　C. 31～50元　　D. 51元以上

（续）

2. 你最想在工商模拟市场上买到什么？（ ）
A. 日用品　B. 装饰品　C. 小食类　D. 其他
3. 平时你有买烧烤类食物的习惯吗？（ ）
A. 经常　B. 一般　C. 较少　D. 没有
4. 你一般喜欢在哪个时间段吃烧烤类的小食？（ ）
A. 早上　B. 中午　C. 下午　D. 晚上
5. 请按照你喜欢的熟食程度由高到低排列出你最喜爱的三种。（ ）
A. 烤鸡腿　B. 烤鸡翅膀　C. 烧玉米　D. 烧鱿鱼干
E. 烫菜　F. 烧牛肉干　G. 烤香肠
6. 请根据你在上题选出最喜欢的熟食给个合理价格？（ ）
A. 1～2元　B. 2～3元　C. 3～4元
7. 对于烧烤食物，你偏爱哪种口味？（ ）
A. 甜　B. 酸　C. 辣　D. 咸　E. 其他
8. 在你吃完烧烤后，有去喝凉茶的习惯吗？______（有/没有）
9. 在消费时，你希望店员对你：______（热情招待给你建议/由你自己做主）
10. 你是否会在工商模拟市场期间带你在校外的一些朋友来呢？______（会/不会）

调查完毕，感谢你的合作，谢谢！

4.3.2 调查对象的选择

工商模拟市场实训中的市场调查对象是确定的，就是你所在学校的全体师生和职工家属。如何选择调查对象与你的经营目标、经营范围和营销方式有很大关系。如果你的商品是面向教职工及家属的，你的主要调查对象就应面向这些人；如果你的商品是面向全校女同学的，你的调查对象就应主要面向全体女生；如果你的商品是面向校内所有人员就应全面考虑如何选择调查对象，而使你的调查更加全面、更有代表性、更有说服力。

以下为工商模拟市场实训中一家熟食店向学校师生调查的相关情况，具体情况如下：

这家熟食店从全院工商系、珠宝学院、财经系、机电系、软件学院、旅游系、外语系、建艺系八个系中抽取150名学生，组成调查样本。由调查员发放收集调查问卷进行调查。有效问卷回收率为95%。经统一汇总检查，样本代表性较高。

在这150张问卷中向大一新生发了80张问卷，向大二和大三学生发了各30张问卷，而向教师发了10张问卷。在调查问卷中，师生们对熟食是热烈支持的。大一新生对熟食的喜爱感尤为强烈。之所以向大一新生派发了80张调查问卷，是因为这家模拟企业决定不再像前几届店主那样只做熟客，而是具挑战性地向生客做起，从而达到训练自己经营管理能力的目的。再有工商模拟市场主要由工商系来开设，其他系势必成为消费的重要群体，其影响力也不容忽视。因而这家熟食店的消费群体主要是面向大一新生、老师以及大二、大三工商系以外的学生和外来的消费者。

4.3.3 调查结果分析

问卷的统计与分析是调查的重点，也是调研工作的难点。同样的统计数据，由于分析方法的不同以及对数据的理解不同，可能会得到不同的结果。问卷的统计分析方法可分为两类：定性分析和定量分析。

1. 定性分析

定性分析是一种探索性调研方法。目的是对问题定位或启动提供比较深层的理解和认识，或利用定性分析来定义问题或寻找处理问题的途径。但是，定性分析的样本一般比较少（一般不超过30），其结果的准确性可能难以捉摸。实际上，定性分析很大程度上依靠参与工作的统计人员的天赋眼光和对资料的特殊解释，没有任何两个定性调研人员能从他们的分析中得到完全相同的结论。因此，定性分析要求投入的分析者具有较高的专业水平，并且优先考虑那些做数据资料收集与统计工作的人员。

2. 定量分析

在对问卷进行初步的定性分析后，可再对问卷进行更深层次的研究——定量分析。定量分析首先要对问卷数量化，然后利用量化的数据资料进行分析。定量分析可通过条形图、趋势图、饼图等图形让数据差异清晰地显示出来，如图4-1所示：

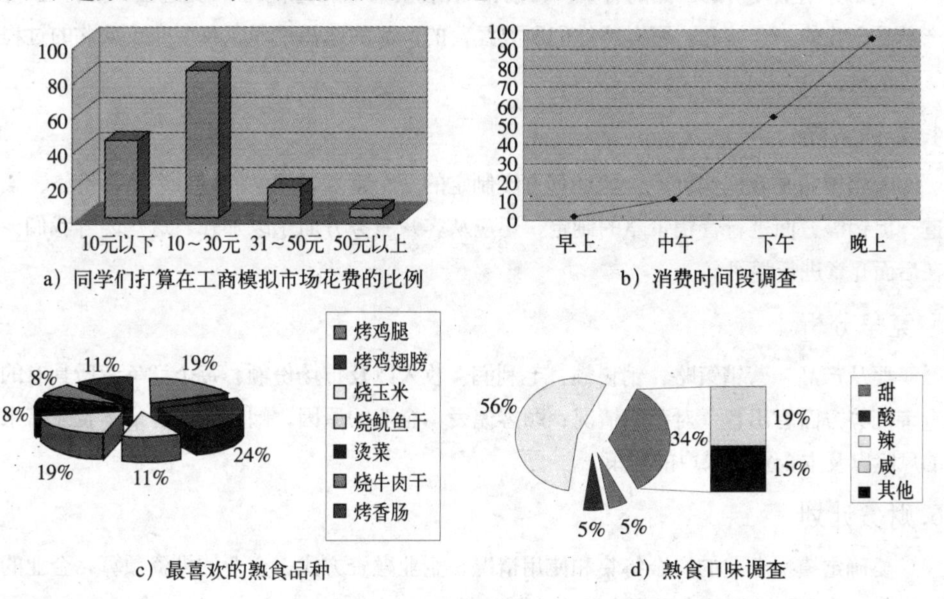

a）同学们打算在工商模拟市场花费的比例　　b）消费时间段调查

c）最喜欢的熟食品种　　d）熟食口味调查

图　4-1

4.4　制定企业经营方案

组建了企业并进行了市场调查后即可制定企业的经营方案。经营方案的制定是以书面的形式检验学生综合能力的一个很好的方法，也是学生全面系统地复习和学习企业管理知识，培养系统思考问题、分析问题、解决问题的一个很好的机会。学生在制定企业经营方案时应重点把握以下几个方面。

4.4.1 企业经营方案包含的内容

企业经营方案其实也可看成是一个商业计划书，对于我们工商模拟市场实训来讲，建议主要包含以下几方面的内容：

1. 企业组建

关于企业如何组建，我们前面已经讲过，你可以根据前面所讲内容以及你们企业组建的实际情况进行编写。

2. 市场调查

对目标市场（即你所在学校这一特定市场）进行深入的调查和分析。前面已经讲过市场调查的内容，你可将你们调查的时间、地点、人员、过程等内容以及对所收集资料的整理、分析在这部分予以展示。

3. 产品介绍

主要介绍拟投资的产品的背景、目前市场情况、产品的新颖性、先进性和独特性等。产品是企业的一个核心，可以将你们所要经营的产品的选择过程以及生产或采购的过程写在这里。

4. 营销策略

营销策略是我们实训中企业经营方案制定的一个重点，同学们应从产品、价格、渠道、促销等方面进行营销策略的制定，还应从客户服务方面予以加强，这些内容我们会在后面几章进行学习。

5. 竞争分析

要从产品、营销策略、销售额、毛利润、收入以及市场份额、每个竞争者所具有的竞争优势方面写出竞争对手的情况；顾客偏爱本企业的原因，阐明竞争者给本企业带来的风险以及本企业所采取的对策。

6. 财务计划

要确定模拟企业的资金筹集和使用情况，企业融资方式，企业的投资预算，企业的回报分析以及预计损益表和现金收支分析等等。

7. 风险分析

详细说明经营过程中可能遇到的风险，包括经营管理风险、市场开拓风险、生产风险、财务风险、对关键人员依赖的风险等等。尽量对每项风险提出控制和防范措施。

4.4.2 企业经营方案的编写

企业经营方案的编写是一项工作量很大、涉及面非常广的系统工程，每个企业要严密组织、悉心安排，才能拿出高质量的方案，为此要特别注意以下几个方面。

1. 团队合作

制定企业经营方案不应是企业负责人或是其他一两个人的事情。中国传统的应试教育培养了很多学生独立学习、独立工作的能力，同时也培养了学生的个人英雄主义，因而使得部分学生缺乏团队合作的精神和能力。企业经营方案的制定过程是一个团队学习、共同合作、集中集体智慧的过程，因而同学们要发挥团队合作的精神并具体安排计划，如何共同制定这一方案，何时需要开会讨论、何时需要分工协作、如何进行分工合作必须由团队共同商量确定。

2. 分工负责

上面团队合作的结果是希望集思广益达成统一的思路、确定统一的方向，在此基础上还必须进行分工，责任到人。整个方案涉及的内容很多，建议每个人负责一个部分，并确定每个人的工作目标、工作方法、完成时间和工作的其他要求。对于每个人完成的结果如何要有记录、有考评，为实训结束后团队成员的互评提供真实可靠的依据。

3. 全面具体

企业经营方案的制定要做到全面而具体，方案要求至少包括前面所讲的“企业组建、市场调查、产品介绍、营销策略、竞争分析、财务计划、风险分析” 七个部分，每一部分要做到分析具体、措施具体。

4. 可操作性强

企业经营方案的制定不是纸上谈兵，要做到切实可行。因而要在广泛进行市场调查的基础上，评估模拟企业自身所具备的资源与能力，既要确定较高的奋斗目标又要有可操作的策略和方法，从而保证模拟企业经营目标的实现，并最大限度地降低企业的经营风险。

5. 图文并茂

模拟企业最后向老师呈交的这份企业经营方案是集体智慧的结晶，是同学们各门课程的运用，它是同学们学习成果的综合体现，也是同学们实际策划能力的张显。因而最终出炉的方案应该符合企业经营方法或商业计划书的行文规范，有文字说明、有数据分析、有理论支撑、有实践保证、有图表展示，最终达到图文并茂。

4.5 企业注册与摊位投标

工商模拟市场实训的所有企业应在规定的时间完成企业的注册。企业注册成功后，模拟市场管理部门根据注册的企业数量来确定应提供的摊位类别和相应的数量，在摊位公示后组织所有企业进行摊位的招投标。

4.5.1 企业注册

企业注册前的准备

（1）确定企业的名称。工商模拟市场企业的名称可与店铺招牌的名字相同，店铺的招牌除在材料、造型、构图、色彩等形式上下工夫之外，还主要应在以下几方面注意店铺的命名：

1）易读、易记。它是对店铺名最根本的要求，店铺名只有易读、易记，才能高效地发挥它的识别功能、传播功能。

2）促使顾客联想。它是指店名要有一定的寓意，让顾客能从中得到愉快的联想。

3）表明经营的商品。店名最好能表明经营的范围，让顾客对你的商品能有迅速的了解。

4）店铺标识物。店铺标志物是指店中可被识别但无法用语言表达的部分，如可口可乐的红白标识，以及麦当劳大大的黄色“M”等。标识物是店铺经营者命名的重要目标，需要与店铺联系起来一起考虑。当店铺名能够刺激和维持店铺标识物的识别功能时，专卖店的整体效果就加强了。

（2）确定其他相关事项。

1）企业负责人及联系方式。

2）企业财务负责人及联系方式。

3）企业成员及联系方式。

4）企业注册资金。

5）企业经营范围。

（3）填写注册申请表。向工商模拟市场管理委员会申请注册企业，填写注册申请表(见表4-2)。

表4-2 2006年第八届工商模拟市场企业注册表

企业名称：	飞一般味觉		
经营范围：	熟食类食品、凉茶		
注册资金：壹仟五百元整（1 500元）			
企业负责人	**宿 舍 号**	**班 级**	**联 系 电 话**
梁静	何厚铧楼205	05级工商行政管理1班	×××××××××××
财务负责人	**宿 舍 号**	**班 级**	**联 系 电 话**
张玲	何厚铧楼205	05级工商行政管理1班	×××××××××××
成员姓名	**宿 舍 号**	**班 级**	**联 系 电 话**
吴华	何厚铧楼205	05级工商行政管理1班	×××××××××××
文月	何厚铧楼205	05级工商行政管理1班	×××××××××××
崔良	何厚铧楼205	05级工商行政管理1班	×××××××××××
周青	5B211	05级工商行政管理1班	×××××××××××
张钊	5B211	05级工商行政管理1班	×××××××××××
杨永	5B211	05级工商行政管理1班	×××××××××××

4.5.2　摊位投标

1. 投标的前期准备

当全部企业注册完毕后，模拟市场管理部门大约会在一周后公布所有摊位的具体情况，包括摊位的类型、数量、位置、大小以及每个摊位的号码和底价，还会将招投标的实施细则发到每个班上，实训同学应据此做好投标前的各项准备工作，主要包括以下几个方面：

（1）事先考察每个摊位的地理位置，进行全面的比较、分析和判断。

（2）根据自身企业的商品特色、经营规模、经营目标、营销策略等方面的因素选取几个目标摊位。

（3）了解黄金摊位运用荷兰拍卖法以及一般摊位运用普通拍卖法的具体规则，并制定本企业投标的具体策略和价格底线。

（4）做好充分的思想准备，全面考虑可能出现的各种情况，准备好各种预案。

2. 参加摊位的招投标

参加摊位的招投标是一件惊险、刺激又责任重大的工作，因为市场竞争的激烈，摊位的选址成了企业经营成功与否的又一关键。但好的位置必定带来高的成本，而这一成本一旦确定就成为经营期间无法改变的固定成本，因而摊位的竞争将更加激烈。为此要做好以下几方面的工作：

（1）每个企业要选定两个参加投标的人员，并确保他们能够胜任。

（2）参加投标的人员要带好交纳摊位费的资金。

（3）参加投标的人员要按时入场，拿到代表企业的号码牌。

（4）开始投标后要根据自己企业事先确定的策略沉着冷静，把握机会。

（5）一旦陷入被动的局面要机智灵活，努力摆脱困境。

（6）成功投得摊位后，办理登记交费等相关事宜，如表4-3所示：

表4-3　工商模拟市场实训摊位招投标登记用表

2006年第八届工商模拟市场投标成功确认表

负责人	张明	企业名称		好滋味	
摊位号	168	摊位价	280元	定额税费	30元
管理费押金	50元	其他			

工商模拟市场秘书处确认章

4.6　摊位的设计与布置

摊位的门面如人的脸面，它体现了店铺的形象，起着很重要的作用。摊位的设计应该在考虑经营的商品和所接待的顾客特点基础上，刻意求新，显示个性，尽量与相应顾客群的审美需求相吻合，力争让顾客产生良好印象。

4.6.1 摊位设计的目标

在进行摊位门面设计之前，首先应全面了解店铺销售的商品种类、规模、特点，使之尽量与店面外部形式相结合。同时还应了解周围环境、交通状况、建筑物风格，使店面造型与周围环境相协调。在设计构思上，应深入了解门面装饰的发展趋势，以启发我们设计出形式新颖、实用，结构合理的摊位门面。设计者必须要有一定的艺术修养和空间造型创新意识，又要掌握一定的营销与设计技术，以保证摊位门面设计的高质量。从设计上看，构成一个完整摊位门面设计的最终目标是：

(1) 促销商品，顺利获得利润。

(2) 引导顾客方便出入、安全选购、成功展示商品。

(3) 提升店铺形象。

4.6.2 摊位外观的三种类型

根据经营商品特点和开放程度的不同，摊位外观通常可以分为以下三种类型。

1. 封闭型

这种类型的摊位面向顾客通道的一面用桌或隔板等围起来，入口较小。采用这种形式的多是一些经营高档商品的摊位，如珠宝饰品等。它突出了经营贵重商品的特点，设计别致，用料相对精细、豪华，使顾客感觉高贵、优雅。

2. 半封闭型

半封闭型店铺入口适中，使顾客既能看清门面上的商品又能较为容易地进入摊位内部接触店内的商品。这种形式最常见，经营化妆品、精品饰品、服装、零食等多采用这种形式。可以将不太贵重但很吸引顾客眼球的商品摆放在摊位门口的货架上；将较为贵重或体积较大的商品摆放在店中。

3. 开放型

开放型摊位正对顾客通道的一面全部开放，顾客可以随便出入，没有任何障碍。这样的好处是减少与顾客的距离感；缺点是商品不易管理，容易丢失或受损，故销售人员注意力要高度集中，即要做好顾客服务还要尽可能保护好商品。

4.6.3 设计好摊位的招牌

招牌是指用以展示店名的标记。一个优秀的招牌在设计时通常要起到以下几方面的作用。

1. 引导顾客

招牌标志着主要的服务项目或供应范围。如体育用品摊位、零食水果摊位等等。

2. 反映经营特色

招牌要反映企业的经营特色，体现优质服务等方面的内容。

3. 引起顾客兴趣

如有些店铺招牌采用各种独特的装饰、别具一格的字体等一些手段，以引起顾客的兴趣。

4. 加强记忆以促传播

一些摊位也可为顺应时尚、推陈出新，设计出朗朗上口且不易遗忘的招牌。

4.6.4　商品陈列的方式

在工商模拟市场中商品的陈列通常有以下四种方式。

1. 综合式

它是一种将许多不相关的商品综合陈列在一个摊位内，以组成一个完整的摊位商品的陈列方式。这种陈列方式中商品之间差异较大，设计时一定要谨慎，不要使之显得杂乱。综合式陈列方法主要有三种，即横向、纵向以及单元陈列。

2. 系统式

有的摊位面积较大，可以按照商品的不同标准组合陈列在一个单元内。又可具体分为四种，即同质同类商品单元、同质不同类商品单元、不同质同类商品单元以及不同质不同类商品单元。

3. 专题式

它以一个广告专题为中心，围绕某一特定的事情，组织不同类型的商品进行陈列，向顾客传送一个主题，如绿色食品陈列、圣诞新年商品陈列等等。它多以一个特定事件为中心，把有关商品组合陈列在一个摊位内。

4. 特写式

它运用不同的艺术形式的处理方法，在一个摊位内集中介绍某一店铺的产品。它适应于新产品、特色商品的广告宣传，主要分单一商品及商品模型特殊陈列。

4.6.5　摊位设计与布置的工作步骤

由上文我们了解了摊位设计与布置的相关知识和技能，下面我们将给出摊位设计与布置工作的四个步骤。

1. 构思

构思影响着摊位设计与布置的整体效果。我们应该充分考虑与商品相联系的各个方面，既要结合广告设计原则慎重考虑，又要善于想像，塑造一个比较好的主题。

2. 构图

这一步是整个摊位设计成熟的体现，是商品组合、布置和安放艺术的表现，也是摊位布置工作的中心环节。我们对构图的要求是均衡和谐、层次鲜明、疏密有致，并可以形成一个统一的整体，从而给顾客以美感。

3. 陈列的准备

构图确定后，负责布置的同学根据图样预先准备陈列用具，然后按照商品样本，制作好价格标签、说明牌、做好文字图画等。

4. 具体布置

准备妥当后即可将摊位货架、用具及商品揩拭干净，并依照图样按次序先后摆列，再放置每件商品的价格标签、说明牌，最后布置背景或图画。

4.7 店面广告的设计与制作

店面广告（Point of Purchase Advertising, POP）又称焦点广告，指的是设置在购物场所周围、入口、内部以及有商品的地方的广告。近年来，这种独特新颖、快捷便利的广告形式又风靡于市。工商模拟市场实训也要求我们学生学会设计和制作一些简单的广告。

4.7.1 广告的基本原则

广告原则是由下列五个要素所组成的：A——唤起注意；I——引起兴趣；D——促进欲望；M——留住记忆；A——引发行动。任何广告，如不能将以上五个要素充分配合运用的话，将无法表现出其真正的效果。广告只是为了要引起注意和兴趣，而在顾客随便购买任何商品都可以的情形下，广告就失去了其促进销售商品的真正意义。

（1）**注意**（Attention）:包括引起注目、感动个人、确定目标、版面设计及插画等因素。

（2）**兴趣**（Interest）：指给予顾客利益；何时段最能吸引顾客关注；制造焦点；基本欲望的诉求等。

（3）**欲望**（Desire）：说明其为优良商品；表现其为受欢迎商品；比其他相同产品优越；使顾客感觉到没买它是一种损失；高级品的证明等诸多因素。

（4）**记忆**（Memory）：对店面的识别；愉快的联想；留有深刻的印象的版面设计及插画等因素。

（5）**行动**（Action）：希望马上去行动。

4.7.2　店面广告的种类

POP广告可分为以下几种：

1. 悬挂式广告

从天花板、梁、柱上垂吊下来，易引起注意，而且从各个角度都能看清楚。

2. 柜台广告

柜台上面的广告陈列，最能吸引消费者注意力，因此最能引发购买动机。

3. 壁面广告

以海报、装饰旗为主，除具有商品告知的功能外，亦能美化店内的壁面。

4. 落地式广告

放置在店铺内、外的地板上，材料可使用纸、厚纸板、塑胶、金属等。

5. 吊旗广告

装饰在店铺内、外，短期内使用，最适合用在促销广告活动的高潮及塑造热烈气氛。常以布、塑胶布为材料。

6. 光源广告

在广告内部放入荧光灯，利用光源把商品的文字、图形照亮。

7. 价目表及展示卡

价目表上写明标价，展示卡上说明商品的特性。此种是小型的POP，放置在商品旁、柜台上或是直接与商品附着在一起，视觉效果极佳。

8. 贴纸

粘贴在商品表面、摊位墙面的小型印刷物。大多以平面印刷，或以合成纸压成凸型。小巧、不占空间、价格便宜，极具广告效果。

4.7.3　店面广告的制作要点

1. 来自厂商的POP

通常这一类的POP都是厂商自行设计好，在工商模拟市场实训中，有不少模拟企业代销某些校外企业的商品，这样就可用来自厂商的POP。可能是海报，也可能是冰箱贴纸。这一类的制作物通常都很明亮凸显。但有些POP的内容属于恒久性，并非用于促销，这时同学们就要注意其张贴是否会破坏美观，是否需要与自制的POP有机结合起来。

2. 来自店铺自制的POP

在工商模拟市场实训过程中，我们同学为了开业、为了促销需要自己制作POP。制作POP时可考虑以下几点：

（1）设定目的。不同性质的POP，有不同的考虑。在制作POP之前，首先应想清楚目的是什么，是价格卡还是货架卡，是信息型的POP还是形象型的POP，对不同性质的POP要有不同的考虑。

（2）寻找可利用的资源。在确定要促销时，要努力思索可应用资源。要尽量减少经营成本，用即环保又廉价的材料制造，如果有好的创意可以有非常好的效果。

（3）设计POP上的信息。店铺里的顾客通常都是来去匆匆，不太可能逗留太久，所以在POP的整个设计上，应力求简单、直接。

自己制作POP上，因受人力、物力、财力等限制，所以无须印制繁复的图案或文字，只要把要表达的信息直接设计在POP上就可以了。

3. 张贴的地点

不论是厂商提供的或自制的，POP的张贴地点都是相当重要的。POP常张贴的地点如下：

（1）柜台区。柜台区包括柜台后方、柜台桌上、柜台上方的天花板等。这是公认的最佳地点，因为所有的顾客最后一定要在柜台前结账，到时就会看到所张贴的POP。

（2）店外周围。这是次佳的广告物张贴处。这样的广告有可能吸引来去匆匆的行人，使其停下脚步而进店购物，所以也是张贴POP的好地方。要注意的是，POP绝不能胡乱张贴，而且要替旧换新，以免时间长久，损坏的POP会破坏消费者对店铺的印象。

（3）天花板。配合热烈气氛或促销活动而布置在天花板上的吊卡，会凸显相当的效果，较好地引发顾客的注意力。

（4）冰箱门或货架上。这里的POP常用以介绍某特定的促销商品或是新上市产品，可使消费者在找寻商品时多一份参考，从而刺激消费者的购买欲望。

最后要提醒的是，切勿滥用POP，以免使消费者迷失在五花八门的广告POP中，反而无法准确地把握POP所传达的信息。

4.7.4 店面广告的摆设

要想使POP广告达到理想的宣传效果，仅仅靠广告物品自身设计的成功还不行，还必须依赖于科学合理地安置和摆放。常常有以下这种情况：广告物设计的非常新颖独特，但摆放得不合理，因而未能发挥应有的效果，甚至适得其反。所以，店面广告的摆放是策划中一个重要的问题。具体来说，应注意以下几个方面：

（1）不要与商品离得太远。

（2）不能遮挡被展示的商品。

（3）要与顾客的视线成直线。

（4）不能妨碍顾客触摸商品。

(5) 不能用强力胶贴在商品上。

(6) 不能直接画在商品上。

(7) 日后要容易拆卸。

(8) 广告用的文字和色调必须统一。

课后作业

1. 根据本章要求完成模拟企业的组建，确定企业负责人，明确每个成员的岗位及责任，制定相关的规章制度，确保大家分工合作完成实训任务。

2. 各模拟企业根据自身的实际情况完成市场调查任务。

3. 各模拟企业在分工协作的基础上制定较为完善的企业经营方案。

4. 按照模拟市场管理委员会的要求进行企业注册和摊位投标的准备。

5. 各模拟企业在分工协作的基础上完成摊位的设计和布置工作。

第 5 章

筹资与投资

学习目标

1. 掌握筹资的方式。
2. 能够编制预算的财务报表。
3. 掌握盈亏临界点。
4. 能够绘制盈亏临界图。
5. 能够较好地完成对所投资项目的评价。

筹资与投资是工商模拟市场实训的一个重要环节，它是对所学的财务管理、管理会计、成本会计等学科的综合，也是实训的起点，没有资金，怎样经营？有了资金，投向何处？如何理财？各模拟企业在参加工商模拟实训前，首先要做好模拟实训经营的财务预算，并据此筹集经营所需的资金。

5.1 筹资

财务经理的主要任务是保证企业运行中的资金需求，同时注意节约，降低成本。生产经理、营销经理的决策几乎都需要资金的支持，比如：工资、加班工资、材料、广告、促销、运输、机器维修、库存、咨询等都需要费用。

5.1.1 筹资的方式

“巧妇难为无米之炊”，投资的前提是资金。对于模拟企业，筹资的主要方式有：利用自有资金、借款、代销、赊购、接受捐赠或赞助以及租赁等。

1. 利用自有资金

自有资金，即模拟企业成员的投入，是模拟企业最为稳定也是最有保障的资金来源，它可以完全由模拟企业自己安排和支配，投资时不需支付利息，筹资成本最低。在此，提醒各模拟企业在签订合伙协议时注意以下几点：

(1) 每个合伙人的管理权限和范围。

(2) 合伙的期限。不允许某个合伙人提前脱离合伙，如果发生这种情况，该如何处理，也应明确规定。

(3) 每个投资者的投资额、所占股份的比例。

(4) 怎样分配利润。

(5) 每个合伙者的责任及不负责任造成的后果该如何处理等。

2. 借款

一般来说，模拟企业经营的时间较短，所需资金有限，通常可向亲友借款。向亲友借款的好处是：借款手续简单，比较方便，无须担保等。

3. 代销

所谓代销，是指先从供应商处提货，货物售出后，按预先约定的价格支付给供应商货款，货物没有售出，则由供应商收回。代销的好处是：经营者没有经营风险，不用为卖不出的货物买单，而且不因购货而占用资金。

4. 赊购

所谓赊购，是指从供应商处先提货，然后约定付款时间。与代销不同的是，货物卖不出，供应商不会收回货物，而由购货者承担。好处是：购货者不因购货而占用资金。

5. 接受捐赠或赞助

接受捐赠或赞助，是指在工商模拟市场期间，接受供应商无偿赞助的商品。供应商赞助的目的通常为：一是打开校园市场；二是扩大企业知名度；三是支持学院办教育；四是通过此次活动，检验学生经营能力，以便学生毕业后能招聘其到企业工作。

6. 租赁

所谓租赁，是指模拟企业通过向资产所有者支付一定量的使用费用，从而在一定时期（通常是一年以上，但本教材中仅指在工商模拟市场期间）获得某项资产的使用权的行为。租赁的双方：资产所有者为出租方，使用者为承租方。

租赁的特点是：

(1) 出租方负责资产的保养与维修，费用在租金中计算，或按合同约定由出租方承担（正常情况下是由承租人负担）；

(2) 出租资产本身的经济寿命大于租赁合同的持续时间；

(3) 允许承租方在租赁合同到期之前按一定条件取消租赁合同。

采用租赁筹资方式的好处是：租赁为模拟企业用小数额的资金获得高价值资产的使用权提供了可能。租赁的手续简单，成本也较低。因模拟企业只是在短时间内（通常为一周）需要使用某种设备，如果自己买，在使用完毕后还要设法转卖出去，这可能给模拟企业带来很大的麻烦，并造成资产上的浪费。

财务经理应根据企业不同的发展阶段采用不同的筹资方式。如，企业筹建阶段可考虑用借款、自有资金、租赁；起动或经营阶段，用上述筹资方式前五种中的一种或几种。

5.1.2 财务风险

一般地讲，模拟企业在经营过程中可能会发生借入资金。模拟企业负债经营，不论利润多少，债务利息是不变的。于是当利润增大时，每一元利润所负担的债务利息就会相对减少，从而使模拟企业的收益有更大幅度的提高，这种债务对模拟企业收益的影响称为财务杠杆。

财务风险是指全部资本中债务资本比率的变化带来的风险。当债务资本比率较高时，模拟企业将负担较多的债务成本，并经受较多的负债作用所引起的收益变动的冲击，从而加大财务风险；反之，当债务资本比率较低时，财务风险就小。

5.1.3 筹资的财务预算

模拟企业通过一定的成本预测和决策分析，基本上能确定出未来经济活动各个方面的主要目标，但是，要完成模拟企业预定的目标，还必须要求模拟企业所有的职能部门相互配合、协调行动。所以，模拟企业通常都用编制全面预算的方法来规划与控制成本，规划与控制未来的经济活动，从而达到模拟企业的预定目标。

全面预算包括营业预算、财务预算两大部分。营业预算是指模拟企业日常的基本生产、经营业务的预算，主要包括：销售预算、生产预算、直接材料预算、直接人工预算、制造费用预算、期末产成品存货预算、销售和管理费用预算以及预计的资产负债表。

可见，预算的财务报表与模拟企业的经营计划与预算以及模拟企业的投资与筹资的计划是分不开的。

5.1.3.1 预算的财务报表的性质与目的

模拟企业如果没有一个明确的计划，模拟企业的经营就有可能不会成功。模拟企业的计划通常以编制的财务报表的形式数据化、具体化，即模拟企业的目标通常会以预算的财务报表的形式来表述。也就是说，预算的财务报表要反映模拟企业在未来经营期间的经营战略选择，并说明模拟企业在特定的战略选择条件下，在投资与筹资方面的有关要求。

所以说，模拟企业编制预算的财务报表的目的在于加强模拟企业经营的计划性，加强对模拟企业经营过程的控制与管理，从而提高经营效率。

5.1.3.2 预算的财务报表编制

前面已经提到，预算的财务报表与模拟企业的经营计划与预算是紧密联系的。预算的财务报表要从模拟企业的营业预算开始。

1. 销售预算

销售预算是模拟企业预算的出发点，模拟企业预算中的其他方面的预算都要以销售预算为基础来编制。这是因为模拟企业产品的生产数量要出销售量来决定，从而生产产品的材料、人工、资金以及销售费用、管理费用和其他财务支出等也都要由销售来决定。所以，销售预算一定要严格建立在模拟企业的销售预测的基础之上。

例5-1

假设某模拟企业生产、销售A产品，模拟期间每天预测的销售情况列表5-1中。预计A产品的单位售价为10元，在全部的销售收入中，有90%在当日收回现金，另外的10%则要到下一日才能收回现金。

根据以上情况，模拟期间每日的销售预算来自于销售的现金收入预算如表5-1。

表5-1 销售预算表

项　目	指标说明	第一天	第二天	第三天	第四天	第五天	合　计
销售预测	预计销售量（件）	50	60	80	70	50	310
	单位售价（元）	10	10	10	10	10	10
	销售收入（元）	500	600	800	700	500	3100
预计收回现金	当日销售90%	450	540	720	630	450	
	上日销售10%	0	50	60	80	70	
	合计	450	590	780	710	520	3050

2. 生产预算

在工商模拟期间，模拟企业从事的经营活动一般有两类：一类是从批发市场或厂商处购入商品再加价销售；另一类是自己生产，再出售。

以销售预算为基础，就可以编制生产预算或采购预算了。销售预算与生产预算或采购预算之间的关系为：

预计生产量 =（预计销售量+预计期末存货）－预计期初存货

预计采购量 =（预计销售量+预计期末存货）－预计期初存货

沿用上面的数据。因为各模拟企业在工商模拟之前，已经对市场进行了调查，并据此做出了销售预测。所以假设根据预测，期末的存货量应保持在下一日销售的20%比较恰当。由于模拟企业第一天经营时没有期初存货，故第一天的期初存货为0，第五天是最后一个交易日，故模拟企业如果自己生产产品，当日的期末存货不应该超过当日预计销售的10%，这一点很重要，因为少许的存货，该模拟企业的成员是可以内部消化的。但存货太多，则可能给模拟企业带来损失。该模拟企业每日的生产预算（适用于自己生产销售）或采购预算（适用于直接销售采购来的商品）的情况分别如表5-2和表5-3所示。

表5-2 生产预算表

项 目	第一天	第二天	第三天	第四天	第五天	合 计
预计销售量	50	60	80	70	50	310
加：期末存货	12	16	14	10	5	5
合计	62	76	94	80	55	315
减：期初存货	0	12	16	14	10	0
预计生产量	62	64	78	66	45	315

表5-3 采购预算表

项 目	指标说明	第一天	第一天	第一天	第一天	第一天	合 计
采购商品预算	预计销售量（件）	50	60	80	70	50	310
	加：预计期末存货	12	16	14	10	5	5
	合计	62	76	94	80	55	315
	减：预计期初存货	0	12	16	14	10	0
	预计采购量	62	64	78	66	45	315
	预计采购支出	372	384	468	396	270	1 890
现金支出情况	当日的90%	334.8	345.6	421.2	356.4	243	
	上日的10%	0	37.2	38.4	46.8	39.6	
	合计	334.8	382.8	459.6	403.2	282.6	1863

注：假设采购商品单位成本为每件6元。

3. 直接材料预算

如果是采购商品直接出售，则不用做直接材料预算表，直接材料预算只适用于加工后再出售的模拟企业。

生产预算的有关数据与直接材料预算之间的关系是：生产预算确定的产品生产数量决定了直接材料的采购数量。具体的计算公式为：

生产需用材料量 = 预计生产的产品数量 × 单位产品所需直接材料

预计材料采购量 = 生产需用量+预计期末材料存货 − 预计期初材料存货

在编制直接材料预算时，还应包括经营小姐用于材料采购的现金支出的预算。在本例中，经营小姐采购材料时，采购的全部材料款中，正常情况下是需全额支付现金的，但不排除从亲友处赊货的可能性，因此，假设当日只需支付90%，其余的10%可以到下一日再支付。此外，另设模拟企业生产每件产品要用直接材料0.1公斤，每公斤材料的价格是25元。自己生产的产品模拟企业应注意所采购的直接材料当日最多只能余多少，如果保留到第二天，质量能否保证。一般情况下，预计每日末的材料存货要占下一天生产需用量的10%，最后一天的材料期末存货量预计为0.5公斤。该模拟企业生产的A产品所需的直接材料预算表如表5- 4 所示。

表5-4　直接材料预算表

项　目	指标说明	第一天	第二天	第三天	第四天	第五天	合　计
直接材料预算	预计生产量（件）	62	64	78	66	45	315
	预计需用材料（公斤）	6.2	6.4	7.8	6.6	4.5	31.5
	加：预期期末存货	0.64	0.78	0.66	0.45	0.5	0.5
	合计	6.84	7.18	8.46	7.05	5.0	32
	减：预计期初存货	0	0.64	0.78	0.66	0.45	0
	预计材料采购量	6.84	6.54	7.68	6.39	4.55	32
	预计采购支出（元）	171	163.5	192	159.75	113.75	800
现金支出情况	当日的90%	153.9	147.15	172.8	143.775	102.375	
	上日的10%	0	17.1	16.35	19.2	15.975	
	合计	153.9	164.25	189.15	162.975	118.35	788.625

4. 直接人工预算

直接人工预算也是根据模拟企业的生产预算编制的。假设生产每件产品需要耗费直接人工 0 .1小时，该模拟企业的每个直接人工小时成本为20元。而且，全部人工工资都要用现金支付。模拟企业经营期间直接人工成本预算表如表5-5所示。

表5-5　直接人工预算表

项　目	第一天	第二天	第三天	第四天	第五天	合　计
预计生产量（件）	62	64	78	66	45	315
每件产品所用工时	0.1	0.1	0.1	0.1	0.1	0.1
直接人工工时总数	6.2	6.4	6.4	6.6	4.5	31.5
每小时人工成本	20	20	20	20	20	20
直接人工总成本	124	128	156	132	90	630
需要支付的现金额	124	128	156	132	90	630

5. 期末产成品存货成本预算

期末产品存货成本，是编制收益表（计算销售成本）和资产负债表（确定期末产成品成本）所必需的数据之一。期末产成品存货成本的预算，要根据直接材料、直接人工、制造费用的有关预算资料来编制。由于参加工商模拟市场的各个专业的学生，部分专业设置了财务会计、成本会计、管理会计，部分专业没有设置这些课程，为了使参加实训的各专业要求统一化，故不要求编制制造费用预算表。

根据模拟企业的生产预算可知：该模拟企业期末产成品存货成本情况如表5-6所示。

表5-6　期末产成品存货成本预算

项　目	用　量	单位成本	合　计
直接材料	0.1公斤	25元／公斤	2.5元
直接人工	0.1小时	20元／小时	2元
单位产品的生产成本合计			4.5元

由于模拟企业期末产成品存货数量是 5 件，则期末产成品的存货成本为：

$$5 \times 4.5 = 22.5（元）$$

6. 销售费用和管理费用的预算

销售费用和管理费用是指在生产过程以外的销售、管理过程中发生的费用，这些费用是不计入产品成本的。

本例中，设该模拟企业的有关预算费用数据如表5-7所示。其中：各项杂项费用按销售收入的5%计算；第一天支付装修费用100元、摊位租金150元；第五天支付水费5元、电费15元。所有项目均需用现金支付。

表5-7 销售费用和管理费用预算表

项　目	第一天	第二天	第三天	第四天	第五天	合　计
销售收入预算情况	500	600	800	700	500	3 100
销售和管理费用情况						
有关人员工资	24	24	24	24	24	120
摊位租金	150					150
装修费用	100					100
水费					5	5
电费					15	15
杂项费用	25	30	40	35	25	155
销售和管理费用合计	299	54	64	59	69	545
需要支付的现金额	299	54	64	59	69	545

7. 现金预算

现金预算是模拟企业关于现金收支方面的详细计划。在现金预算表中，应当详细反映以下 4 个方面的内容：

（1）预算期内模拟企业可供使用的现金数量。包括上日期初的现金余额和当日来自销售等方面的现金收入等。

（2）预算期内的现金需要量。指预算期内要发生的现金支出和在期末必须保留的必要现金余额。预算期内要发生的现金支出包括购买材料、支付工资、上交所得税、支付摊位租金、水费、电费、杂项费用等。

（3）预算期内现金的多余或不足。即要反映预算期内可供使用的现金与现金需要量之间的差额。

（4）现金的筹集和使用。即根据现金多余或不足的情况，向亲友借款（现金不足时），并详细反映需要筹集的和可以使用的资金数量以及偿还借款、利息计算等方面的详细情况。

本例中，根据本模拟企业的生产经营情况确定：模拟企业至少要在每日期末保持100元的现金余额；第一天的期初现金余额即为模拟企业筹集来的所有资金，包括模拟企业成员的出资，向亲友的借款，假定本模拟企业的第一天期初现金余额为200元。另外，假设向亲友借款的话，亲友的借款日利率为1%，并且每笔借款都于经营日的期初借入，借款都于经营日的期末偿还。该模拟企业的资金管理原则是：在保证模拟企业资金够用的前提下，一旦出现现金余绌，立即将多余的现金用于清偿借款。该模拟企业在工商模拟期间每日的现金预算表如表5-8所示。

表5-8 现金预算表

项　目	第一天	第二天	第三天	第四天	第五天	合　计
期初现金金额	200	173.1	314.85	685.7	1 041.725	200
加：来自销售的现金	450	590	780	710	520	3 050
可供使用的现金额	650	763.1	1 094.85	1 395.7	1 561.725	3 250
现金需要量的计算：						
有关人员工资	24	24	24	24	24	120
摊位租金	150					150
装修费用	100					100
水费					5	5
电费					15	15
杂项费用	25	30	40	35	25	155
购买材料	153.9	164.25	189.15	162.975	118.35	788.625
支付直接工资	124	128	156	132	90	630
现金支付额合计	576.9	346.25	409.15	353.975	277.35	1 963.625
期末的必须余额	100	100	100	100	100	100
现金需要量合计	676.9	446.25	509.15	453.975	377.35	2 063.625
现金多余或不足	(26.9)	316.85	585.7	941.725	1 184.375	1 186.375
现金的筹集与使用						
向亲友借款	100					100
偿还借款本息		(102)				(102)
借款净额	100	0				0
期末现金余额	173.1	314.85	685.7	1 041.725	1 284.375	1 284.375

8. 预算收益表

根据前面的资料，就可以编制模拟企业的预算收益表了（见表5-9)。

表5-9 预算收益表

项　目	金　额	项　目	金　额
销售收入	3 100	电费	15
减：产品销售成本	1 395	杂项费用	155
销售毛利	1 705	营业利润	1 160
减：销售和管理费用		减：利息费用	2
有关人员工资	120	税前利润	1 158
摊位租金	150	减：所得税	50
装修费用	100	净利润	1 108
水费	5		

注：1. 假定所得税是50元；

2. 销售收入来自表6-1；

3. 根据表6-6期末产成品存货成本预算可知，单位产品的成本 = 4.5元；根据表5-2生产预算表可知，总计销售产品数量为310件，故销售产品的成品 = 4.5 × 3 100 = 1395（元）；

4. 销售毛利 = 销售收入 − 销售产品的成本；

5. 营业利润 = 销售毛利 − 销售和管理费用。

9. 预算的资产负债表

预算的收益表编制好了以后，就可以编制模拟企业的资产负债表了（见表5-10）。

表5-10 预算资产负债表

资　产	金　额	负债及所有者权益	金　额
流动资产		**流动负债**	
现金	1 284.375	应付账款	11.375
存货	35	亲友借款	
应收账款	50	应交税费	50
流动资产合计	1 369.375	流动负债合计	61.375
		其他负债	
		负债合计	61.375
		所有者权益	
		实收资本	200
		资本公积	
		未分配利润	1 108
其他资产		所有者权益合计	1 308
资产合计	1 369.375	负债及所有者权益合计	1 369.375

注：1. 根据表5-2生产预算表，期末产品存货数量为5件，产品存货成本 = 4.5 × 5 = 22.5（元），另据表5-4直接材料预算表，期末直接材料存货数量0.5公斤，直接材料存货成本 = 0.5 × 25 = 12.5（元），因此期末存货成本 = 22.5 + 12.5 = 35（元）。

2. 根据表5-8现金预算表知，期末现金余额为1 284.375元。

3. 根据表5-1销售预算表，第五天销售额的10%尚未收回，故期末应收账款为50元。

4. 根据表5-4直接材料预算表，第五天所采购的直接材料应付款113.75元，当日付90%，余10%，即11.375为模拟企业的应付账款。

5.2 投资

投资决策决定着模拟企业能否获利，以至于提出投资方案和评价方案的工作已经不是财务人员单独完成的，需要模拟企业全体人员的共同努力。

（1）确定投资的范围，如摊位的投资，购置商品或材料的投资，铺面装饰的投资，广告的投资等。

（2）进行本、量、利分析，确定投资项目的损益平衡点。

（3）财务经理在企业进行投资前，应提供财务预算。

（4）进行投资项目的评价。

5.2.1 本、量、利分析

本、量、利分析，是成本、业务量（产量、销售量）和利润之间关系的分析。它是以成本性态分析为基础，确定模拟企业的盈亏平衡点，进而分析有关因素变动对模拟企业盈亏的影响。它可以为模拟企业改善经营管理和正确地进行经营决策提供有用的资料。

成本，是为生产一定产品而发生的各种生产耗费的货币表现。它包括产品生产中耗费的活劳动和物化劳动的价值。

产品成本指标是反映模拟企业生产经营管理工作质量的综合性指标。模拟企业在生产经营过程中产品的数量、产品的质量、原材料的节约使用情况、费用开支是否节约以及经营管理工作水平的高低都会直接或间接地从产品成本指标上得到反映。这一指标对于加强模拟企业经营管理、降低成本、提高经济效益有重要意义。

为适应经营管理上的不同需要，成本可以从各种不同角度进行分类。例如，成本按其经济用途可分为制造成本和非制造成本；成本按性态可分为固定成本、变动成本和半变动成本；成本按可控性可分为可控成本和不可控成本两类；还有其他的一些分类方式。根据工商模拟市场的需要，本教材只是选择对模拟企业有帮助的概念进行解释与分类。

1. 成本按经济用途分类

模拟企业的成本按照其经济用途可以分为制造成本与非制造成本两类。

（1）制造成本，是指在产品生产过程中发生的，它由三种基本要素组成，即直接材料、直接人工和制造费用。

直接材料，是指在产品生产过程中用来构成产品实体的那部分材料的成本。

直接人工，是指在生产过程中对材料进行直接加工使它变成产品而耗用的人工成本。

制造费用，略。

（2）非制造成本，是指销售与管理方面发生的费用。一般可以细分为销售成本、管理费用两类，在本教材中统称为销售与管理费用。

销售与管理费用，是指模拟企业在产品销售与模拟企业管理过程中发生的费用。具体包括广告费、摊位租金、摊位装修费以及为模拟企业的成员销售本小组的产品而发放的工资、水电费等。注意，本教材不考虑固定资产的折旧费，这种分类与定义方式只适用于参加工商模拟市场的模拟企业。

2. 成本按性态分类

成本的性态，是指成本总额的变动与产量之间的依存关系。按照成本与产量的依存关系，可将成本分为固定成本、变动成本和半变动成本三类。本教材只分为固定成本和变动成本两类。

固定成本，是指在一定产量范围内与产量增减变化没有直接联系的费用。其特点是：在相关范围内，成本总额不受产量增减变动的影响，但从单位产品分摊的固定成本看，它却随着产量的增加而相应地减少。如摊位费，摊位装修费等。

例5-2

假设某模拟企业的摊位费及摊位装修费总计为300元，则不论该模拟企业在经营期内销售或生产多少产品，其摊位费及摊位装修费是不随销量或产量的变动而变动的。现假设该模拟企业在经营期内的产量分别为50件、100件、150件、200件，每单位产品分摊的费用如表5-11所示：

表5-11 固定成本

产量（件）	固定成本总额（元）	每单位产品的固定成本（元）
50	300	6
100	300	3
150	300	2
200	300	1.5

上例说明了随着产量的增加，每单位产品分摊的固定成本将相应地减少。

产量与总固定成本和每单位固定成本的关系如图5-1和图5-2所示。

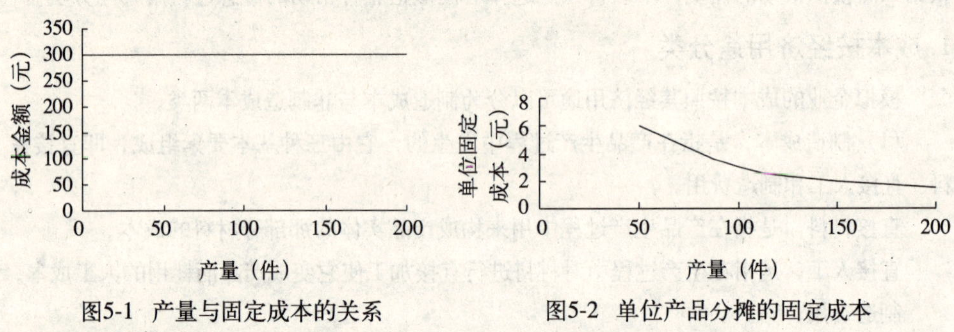

图5-1 产量与固定成本的关系

图5-2 单位产品分摊的固定成本

变动成本，是指在一定范围内，其成本总额随着产量的增减成比例的增减。但是从产品的单位成本看，它却不受产量变动的影响。

例5-3

假设某模拟企业在经营期内的产量分别为50件、100件、150件、200件，单位产品的变动成本为2元，产量在一定范围内变动对于总成本的影响如下表5-12所示：

表5-12 变动成本

产量（件）	总成本（元）	单位成本（元）	产量（件）	总成本（元）	单位成本（元）
50	100	2	150	300	2
100	200	2	200	400	2

可见，当产量从100件增加到200件，成本总额也从200元增加到400元，但单位产品成本仍保持2元。

产量与总变动成本和单位变动成本的关系如图5-3和图5-4所示。

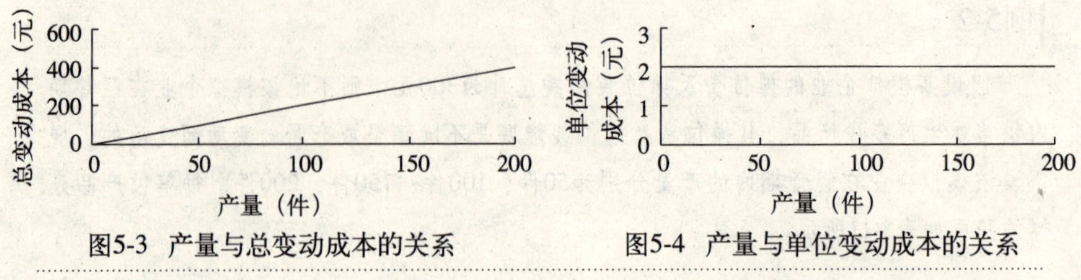

图5-3 产量与总变动成本的关系

图5-4 产量与单位变动成本的关系

研究成本按性态分类有着重要意义。便于根据成本资料进行预测和决策，而且有利于成本控制和进行成本差异原因的分析。

5.2.2 盈亏临界点

盈亏临界点，也称损益两平点或保本点。它是以盈亏临界点为基础，对成本、销售量、利润三者之间所进行的盈亏平衡分析。所谓盈亏临界点，是指在一定销售量下，模拟企业的销售收入和销售成本相等，不盈利也不亏损。当销售量低于盈亏临界点的销售量时，将发生亏损；当销售量高于盈亏临界点的销量时，则会获得利润。可见，盈亏临界点是个很重要的数量指标，因为保本是获得利润的基础。任何一个模拟企业要预测利润，从而确定目标利润，首先要预测盈亏临界点，超过临界点再扩大销售量，才谈得上获得利润。

利润的计算公式为：

$$利润 = 收入 - 总变动成本 - 固定成本$$

而盈亏临界点是利润等于零时的销售量。

$$0 = 收入 - 总变动成本(V) - 固定成本(F)$$

$$收入 = 销售量(Q) \times 单价(P)$$

$$总变动成本 = 销售量(Q) \times 单位变动成本(v)$$

$$保本点销售量(Q^*) = 固定成本(F) \div [单价(P) - 单位变动成本(v)]$$

$$保本点销售额 = 保本点销售量(Q^*) \times 单价(P)$$

则：

$$Q^* = F \div (P - v)$$

例5-4

A组准备销售盒装牛奶，每盒购置成本为1.7元，摊位购置费为200元，铺面装修费100元，每盒销售价格为2.5元，则其损益平衡点时的销量是多少？(没有考虑采购成本，广告费用等其他费用)。

解：单位变动成本$v = 1.7$元

固定成本F = 摊位购置费 + 铺面装修费 = 200元 + 100元 = 300元

单价$P = 2.5$元

代入公式$Q^* = F \div (P - v)$ 得

$$Q^* = 300 \div (2.5 - 1.7)$$

$$=375(盒)$$

即保本点时的销售量为375盒。

5.2.3 盈亏临界图

盈亏临界图是围绕盈亏临界点，将影响模拟企业利润的有关因素及各因素之间的相互关系，集中在一张图上形象而具体地表现出来。利用它，可以清楚地看到有关因素的变动对利润发生怎样的影响，因而对于在经营管理工作中提高预见性和主动性，有较大的帮助。下面具体说明盈亏临界图的绘制方法以及所揭示的有关成本、业务量与利润三者之间的规律性联系。

1. 盈亏临界图的绘制程序

在盈亏临界图上，一般以横轴表示销售量，以纵轴表示成本和销售收入的金额。

例5-5

借用例5-2与例5-3的数据，即已知单位变动成本为2元，固定成本为300元，再假定销售单价为4元。据此，制作盈亏临界图（见图5-5），其绘制程序如下：

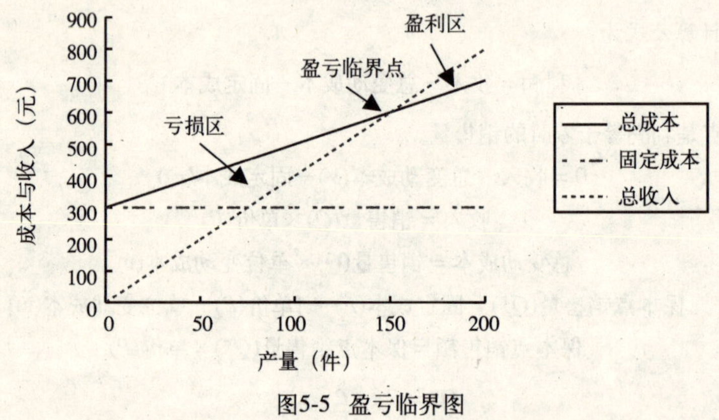

图5-5 盈亏临界图

（1）按固定成本总额300元在纵轴上取点，划平行于横轴的直线，则为固定成本线。

（2）按销售收入总金额800元（= 200×4）取纵轴交叉点，连接交点与原点之线，则为销售总收入线。

（3）在销售量横轴上选择一个销售量，如200件，算出它的总成本（总成本 = 固定成本 + 单位变动成本×销售量 = 300 + 2×200 = 700（元）），标出销售量与总成本那一交点，然后联结该点与固定成本在纵轴上的截点，这条线则为总成本线。

（4）总收入线与总成本线相交的地方就是盈亏临界点。

2. 盈亏临界点的特点

从上述盈亏临界图5-5中所反映的各有关因素之间的相互关系，可看出它们具有如下特点：

（1）盈亏临界点不变，销售量越大，能实现的利润越多；销售量越少，能实现的利润越小。

（2）销售量不变，盈亏临界点越低，能实现的利润越多；盈亏临界点越高，能实现的利润越少。

（3）在销售收入既定的条件下，盈亏临界点的高低取决于固定成本和单位产品变动成本。固定成本越多，或单位变动成本越多，盈亏临界点越高；反之，盈亏临界点越低。

5.2.4　投资项目评价的方法

对投资项目评价时使用的指标分类两类：一类是贴现指标，即考虑了时间价值因素的指标，主要包括净现值、现值指数、内含报酬率等；另一类是非贴现指标，即没有考虑时间价值因素的指标，主要包括回收期、会计收益率等。根据分析评价指标的类别，投资项目评价分析的方法，也被分为贴现的分析评价方法和非贴现的分析评价方法两种。由于工商模拟时间较短，只有一两周的时间，故涉及不到贴现，因此只讨论非贴现的分析评价方法。

非贴现的分析评价方法不考虑货币的时间价值，把不同时间的货币收支看成是等效的。

1. 回收期法

回收期，是指投资引起的现金流入累计到与投资额相等所需要的时间。它代表收回投资所需要的年限（在此为天数）。回收天数越短，方案越有利。

在原始投资为一次性支出，每天现金净流入量都相等时：

回收期 = 原始投资额 ÷ 每天现金净流入量

例5-6

假设某模拟企业有2个方案可供选择，方案一是固定成本为300元，每天销售收入100元；方案二是固定成本为400元，每天销售收入为120元。试比较这两个方案。

方案一的回收期为：

回收期=300÷100=3（天）

方案二的回收期为：

回收期=400÷120=3.3（天）

由于方案一的回收期小于方案二的回收期,因此方案一是应选择的方案。

本题对模拟企业的指导意义在于，摊位的位置不同,标的价也不同,各模拟企业可根据回收期法进行决策。

2. 会计收益率法

这种方法计算简便。它在计算时使用预算会计报表（因模拟企业在参加工商模拟前，没有经营上的记录，故只能用预算财务报表的数据）上的数据。

会计收益率=每日平均净收益 ÷ 原始投资额 × 100%

模拟企业如果用会计收益率，则需要准备每日预算的损益表，工作量比较大，可以考虑不用。

课后作业

1．根据本章要求确认模拟企业的筹资方式，编制模拟企业的财务预算表。

2．各模拟企业根据自身的实际情况进行盈亏临界点分析。

3．各模拟企业根据自身的实际情况绘制盈亏临界图。

4．各模拟企业根据自身的实际情况进行投资项目评价。

附录5A 工商模拟市场模拟企业的筹资与投资方案

模拟企业店名：Sweet House

负责人：刘静珊

成员：薛碧燕、陈丽仙、梁宝玲、尹爱英、刘燕春、伦汉兴

班别：05工商行政管理（2）班

5A.1 筹集资金

虽然本店铺的规模比较小，但所需的经费比较多，所以我们采取合伙出资的方式来筹集资金，共同经营业，共同承担风险，共同分享甜与苦。

刘静珊：100元　薛碧燕：100元

陈丽仙：100元　尹爱英：100元

何家丽：100元　伦汉兴：100元

梁宝玲：100元　刘燕春：100元

5A.2 财务预算

财务预算见表5A-1～表5A-8。

表5A-1 销售预算表

项　目	第一天	第二天	第三天	第四天	第五天
预计销售量	320	360	360	360	200
预计销售价格	1.6	1.6	1.6	1.6	1.6
预计销售收入	512	576	576	576	320
预计现金收入	512	576	576	576	320

表5A-2 生产量预计表

项　目	第一天	第二天	第三天	第四天	第五天
预计销售量	320	360	360	360	200
加：预计期末存量	36	36	36	20	0
合计	356	396	396	380	200
减：预计期初生产量	0	36	36	36	20
预计生产量	356	360	360	360	200

表5A-3 直接材料预算表

项 目	第一天	第二天	第三天	第四天	第五天
预计生产量	356	360	360	360	200
预计需用材料	118.56	187.98	202.28	184.08	127.67
加：预计期末存量	36.108	36.108	36.108	20.06	0
合计	154.65	224.088	238.388	204.14	127.67
减：预计期初存货	0	36.108	36.108	36.108	20.06
预计采购支出	154.65	187.98	202.28	184.08	107.61
现金支出	154.65	187.98	202.28	184.08	107.61

表5A-4 直接人工预算表

项 目	第一天	第二天	第三天	第四天	第五天
预计生产量（件）	356	360	360	360	200
每件产品所用工时	0.8	0.8	0.8	0.8	0.8
直接人工总时数	183	203	203	203	143
每小时工人成本	3	3	3	3	3
直接人工总成本	9.15	10.15	10.15	10.15	7.15
需要支付现金额	9.15	10.15	10.15	10.15	7.15

表5A-5 产成品成本预算表

项 目	用 量	单位成本	合 计
直接材料	836.6	0.523	836.6
直接人工	46.75	0.29	46.75
单位产品的生产成本合计	–	0.813	883.35

表5A-6 期间费用预算表

项 目	金额（元）	项 目	金额（元）
摊位租赁费	70	差旅费	8
装修费	50	杂项费用	50
水费	15	合计	228
电费	35		

表5A-7 收益预算表

项 目	金额（元）	项 目	金额（元）
预计销售收入	2 720	减：期间费用	228
减：预计销售成本	883.35	营业利润	1 608.65
销售毛利	1 836.65	减：所得税	1 588

表5A-8 现金预算表

项 目	第一天	第二天	第三天	第四天	第五天
期初现金余额	900	1 160.2	1 574.07	1 973.64	2 391.41
加：来自销售的现金	544	612	612	612	340
可供使用的现金	1 444	1 772.2	2 186.07	2 585.64	2 731.41
现金需要量的计算					
购买材料	154.65	187.98	202.28	184.08	107.61

（续）

项　目	第一天	第二天	第三天	第四天	第五天
支付工资	9.15	10.15	10.15	10.15	7.15
支付摊位租金	70				
支付装修费	50				
现金支付额合计	283.8	198.13	212.43	194.23	114.76
期末必须的现金	100	100	100	100	100
现金需要量合计	383.8	298.13	312.43	294.23	214.76
现金多余或不足	1 060.2	1 474.07	1 873.64	2 291.41	2 516.65
期末现金余额	1 160.2	1 574.07	1 973.64	2 391.41	2 616.65

5A.3 盈亏平衡点（保本点）

利润＝销售收入－变动成本－固定成本

＝销售量×单价－变动单位变动成本×销售量－固定成本（工资、装修费、摊位租赁费、税费、水费、电费、差旅费、杂费）

0＝销售量×1.7－销售量×0.523－(46.75+50+70+20+15+35+8+50)

总销售量＝294.75/(1.7−0.523)＝251 (件)

日销售量＝251/5＝50(件)

上述计算也可用图5A-1表示如下：

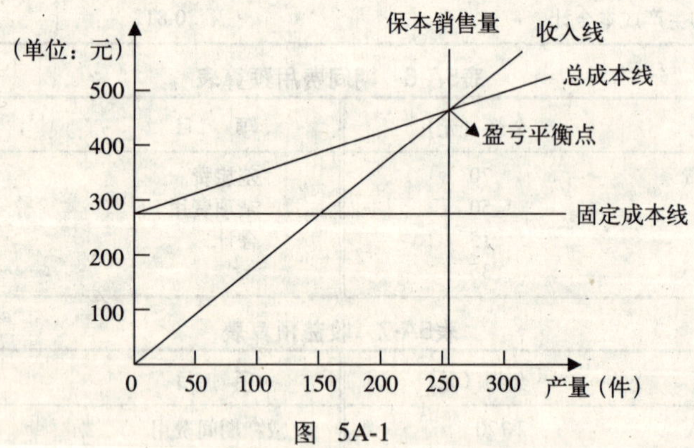

图　5A-1

第6章

商品管理

学习目标

1. 了解商品分类的基本知识。
2. 熟悉商品质量的基本要求。
3. 掌握商品陈列的基本方法。
4. 掌握商品包装的基本技巧。
5. 掌握商品采购的基本技能。

模拟企业应重视商品的管理，尤其是商品的质量、分类、陈列、包装、采购等项目，这直接关系到经营的成败，模拟企业销售的对象是学生、教师，一旦商品质量有问题，责任重大。本章分别从商品质量、分类、陈列、包装、采购等方面进行了实训指导。

6.1 商品分类

每个模拟企业经营者必须明确，如果所经营商品的分类、组合、布局不能适应顾客实际购买特点，不便于顾客识别和挑选，是不能达到良好的销售效果的。

6.1.1 商品分类的原则

吴源鸿等在《商品学概论》中提出：“根据贸易业务和教学、科研需要而建立商品分类体系、编制商品目录，一般应遵循的基本原则是：科学性、系统性、可延性及兼容性。”这种分类对于超市以及进行长期经营的企业或公司来说是必需的，但对参加模拟市场的每个模拟企业，空间有限、经营时间有限、资金有限、一个模拟企业其经营的商品不可能像超市一样面面俱到，而且每个摊位的性质和店铺有许多相同点，故模拟企业应采用李爱先编著的《店铺销售管理》一书中提出的商品分类原则：

（1）易于识别。

（2）便于顾客选择。

（3）方便顾客使用。

（4）方便顾客寻找商品。

（5）根据商品特点，给顾客以品种丰富的印象。

（6）商品的布局、陈列和摆放醒目，具有提示作用和诉求性。

（7）提高购物便利程度。

（8）商品分类的层次鲜明，没有杂乱无章的感觉。

（9）便于摊位日常销售工作的管理。

上述原则不是一成不变的，各模拟企业应根据具体的摊位位置、自身优势、经营商品特点等加以适当调整。

6.1.2 商品分类体系

1. 按适用范围分类

从适用范围上分，商品的分类体系主要有两大体系系统，即基本分类体系和应用分类体系。前者理论性强，综合性好，被国内外承认和采用，成为固定不变的体系模式。后者应用性强，与业务活动联系紧密，随不同国家和地区、不同时期而会有相应的变化。

2. 根据商品在销售中的作用分类

不同的专家、学者对商品还给出了其他的分类方式，其中由王卫红、常永胜等在《零售操作实务》一书中提出的根据商品在本摊位销售中的作用分类如下：

（1）主力性商品。从销售量或销售额考虑，凡是成为摊位中心商品的，就叫主力商品。一般主力商品品种数量只占20%～30%，却占80%左右的销售额。主力商品经营效果决定着摊位经营的成败，一个摊位的经营方针、经营特点以及摊位的性质和竞争力主要由主力商品来塑造和体现。

（2）辅助性商品。辅助商品是主力商品的补充，是与主力商品同属于一个类别的不同品牌的商品。它不仅可以衬托出主力商品的优点，成为顾客选购商品的比较对象，而且还可以克服摊位商品的单调性，满足顾客多样性的需求。

（3）关联性商品。在用途上与主力商品有密切联系的商品，如相机与胶卷、手机、手机充值卡等都是关联商品，关联商品可以促进主力商品销售，方便顾客购买，扩大摊位整体销售量。

主力商品在商品种类中只占25%，而在总营业额中却占70%以上，虽然这样却不能取消其他两种商品，原因在于：若取消其他两类商品，总销售量就会下降30%；而取消80%的商品项目，会使摊位看起来很空洞，显得商品十分贫乏。因此，其他两种商品仍有必要配置，它们有维持畅销品销售，确保摊位整体业绩的功能。

模拟企业在具体经营过程中，应根据实际情况，如是经营多种商品，则可以按上述分类，如只是经营单一品种商品，则不必强求按此分类。

6.2 商品质量

"质量是企业的生命"。对于进行工商模拟市场实训的同学们来讲，这句话同样适用。

6.2.1 商品质量的概念

商品质量的含义包括狭义和广义两种。狭义的商品质量即自然质量，广义的商品质量即市场质量。

1. 商品的自然质量

通常称为产品质量、实用质量、技术质量、客观质量和商品品质，是评价商品使用价值及与其规定标准技术条件的符合程度。它是反映商品的自然有用性和社会适应性的尺度。可概括为商品的性能、精度、寿命、美观、音响、气味、手感、安全性、艺术性、可靠性、经济性及售后服务等。它以国家标准、行业标准、地方标准或订购合同中的有关规定作为评价的最低技术依据。

狭义的质量又包括两个要素：即外观质量和内在质量。人们在评定商品质量时，通常以这两个要素为依据。

商品的外观质量，主要指商品的外表形态，如商品的艺术造型、形态结构、花色图案、款式规格以及气味、滋味、光泽、声响、包装等；商品的内在质量是指商品在生产过程中形成的商品体本身固有的特性：如化学性质、物理性质、机械性质、光学性质、热学性质及生物学性质等。

2. 商品的市场质量

通常称为消费者最满意的质量、产品的制造质量和产品的服务质量。是指在一定条件下，评价商品所具有的各种自然、经济、社会属性的综合及其满足消费者使用、需求的程度。它是一个动态的、发展的、变化的、相对的概念。消费者对质量的评价受时间、地点、使用条件、使用对象、用途和社会环境以及市场竞争等因素的影响。

6.2.2 商品质量的基本要求

商品质量的基本要求是根据其用途、使用方法、食用目的以及消费者和社会需求提出来的。由于商品种类繁多，性能各异，又有着不同的用途、特点和使用方法，因此，对不同商品质量要求也各不相同。

6.2.2.1 纺织品质量的基本要求

纺织品是人们日常上生活不可缺少的生活资料。随着社会的发展，纺织品的款式、品种日趋新颖、丰富，其功能已不再是简单的御寒遮体、维持生活，因此，对纺织品质量的最基本要求，即要耐用舒适、卫生安全，又要美观、大方、流行、具有时代性等。对纺织品质量的基本要求有以下几方面：

1. 材料选择适宜性

纺织品的基本性能及外观特征，主要由其所用的纤维材料决定。不同种类的纤维如棉麻、毛涤纶等，其织品的性能各有不相同；即使同种纤维不同品质，其织品也各有特色。因此，纺织品用途不同，所选择的纤维的种类和品质也各不相同。

2. 组织结构合理性

纺织品组织结构主要包括织物组织、重量和厚度、紧度和密度、幅宽和匹长等。纺织品的组织结构影响着织物的外观和机械性能。如纺织品的厚度、紧度等可影响其透气性、保暖性、柔软性等。

3. 良好的机械性

纺织品的机械性能主要是指各种强度指标，它是衡量纺织品耐用性能的重要指标，另外，对织物的尺寸稳定性和手感及成品风格也有影响。

4. 良好的服用性

服用性主要是要求织品在穿用过程中舒适、美观、大方。要求其缩水率、刚挺性、悬垂性符合规定标准，具有良好的吸湿性、透气性，不起毛起球，花型、色泽、线条图案应大方富有特色等。

5. 工艺性

指纺织品面料必须方便裁剪缝制，易于洗涤、熨烫、定型，染色牢固等。

6.2.2.2 食品质量的基本要求

食品是指为人体提供热量、营养，维持人体生命，调节人体生理活动，形成和修补人体各组织的物质，是人们生长发育，保证健康不可缺少的生活资料。模拟企业必须注意好的食品质量对购买者是有益的，但食品质量差，有可能危害购买者的身体健康。因此，对食品质量的基本要求是，具有营养价值；具有良好的色、香、味、形；无毒无害，符合卫生要求。这一点是模拟企业必须重视的。

1.食品的营养价值

营养价值能给人体提供营养物质，这是一切食品的基本特征。其功能是提供人体维持生命活动的能源，保证健康，调节代谢以及延续生命。是决定食品质量高低的重要依据，营养价值是评定食品质量优劣的关键指标。

食品的营养价值包括营养成分、可消化率和发热量三项指标。

(1) 营养成分。是指食品中所含蛋白质、脂肪、碳水化合物、维生素、矿物质及水分等。由于各成分各自起着它应有的作用。因此，人们可以从各种不同的食品中获得各种营养成分。

(2) 可消化率。是指食品在食用后，可能消化吸收的百分率。它反映了食品中营养成分被人体消化吸收的程度。食品中营养成分只有被人们消化吸收后，才能发挥其作用。营养学专家经过多年研究、实践得出结论：动物性食品的营养价值高于植物性食品的营养价值。

(3) 发热量。是指食品的营养成分经人体消化吸收后在人体内产生的热量。它是评价食品营养价值最基本的综合性指标。

模拟企业在经营有关食品时，如果不了解所经营产品的营养成分，可以查阅相关食品网站。

2. 食品的色、香、味、形

食品的色、香、味、形，是指食品的色泽、香气、滋味和外观形状。食品的色、香、味、形不仅能反映食品的新鲜度、成熟度、加工精度、品种风味及变质状况，同时可直接影响人们对食品营养成分的消化和吸收。食品的色、香、味、形良好，还可以刺激人产生旺盛的食欲。许多食品的色、香、味、形还是重要的质量指标。例如：评价烟、酒、茶等商品的质量时，主要从色泽、香气、滋味等方面进行鉴定。不同的色、香、味、形，决定商品本身的档次和等级。

有的模拟企业只注重食品的味道，但容易忽视其他香、色、形，希望模拟企业明确好品象的食品，顾客才有购买欲望，它直接关系到经营成败。

3. 食品的卫生性（无毒害性）

食品的卫生性，是指食品中不应含有或超过允许限量的有害的物质和微生物。食品卫生关系到人们的健康与生命安全，有的还影响子孙后代，所以作为食品，卫生、无毒无害，无污染是最起码的条件。影响食品卫生的主要来源，有以下五个方面：

(1) 食品自身产生的毒素。如毒蘑菇、苦杏仁、土豆发芽部分产生的氰甙龙葵类毒素；死后的鳝鱼、鳖、河蟹体内的组胺毒素等。这些毒素，对人体的消化系统、神经系统，血液循环系统都有严重的危害。

(2) 生物对食品的污染。包括：①微生物污染，主要是细菌、细菌毒素、霉菌、霉菌毒素及大肠杆菌等；②寄生虫及虫卵污染，主要是旋毛虫、蛔虫、绦虫、蛲虫、姜片虫、肝吸虫等；③昆虫污染，主要是粮食中的甲虫类、蛾类、螨类以及鼠类活动所造成的污染。

(3) 加工中混入的毒素。如方便面、罐头、小食品、饮料等，因配料不当或超范围使用防腐剂、色素、香精，放置时间久了引起铅、锌中毒；油炸、烧烤食品时生成甘油醛，造成食品污染，影响人体健康。

(4) 保管不善产生的毒素。食品因保管不善有可能感染微生物而腐败或霉烂变质。如温度过高，海产品发生变质，容易致癌。花生、小麦、玉米、豆类等发霉后则能产生黄曲霉毒素，使人体致癌。

(5) 环境、化学品造成的污染。主要包括工业上“三废”不合理排放，化肥农药使食物受到污染，不合乎卫生要求的食物添加剂和使用量不合理等。另外，食品在生产、贮存、运输、销售时，受到环境、化学品、菌类、重金属的污染也会使食品有毒有害。

有些模拟企业经营诸如烧烤之类食品的，要注意所用原材料的卫生性，如鱼、肉、鸡肉等是否新鲜，有无污染。采取什么措施才能保证质量？这些都是模拟企业必须重视的。

6.2.2.3 日用工业品质量的基本要求

日用工业品包括的面很广，有玻璃制品、搪瓷器皿、铝制品、日用塑料制品、皮革制品，胶鞋、纸张、洗涤剂、化妆品、钟表、家具、电器、服装等，是人们生活中不可缺少的生活资料。因此，对它们质量的基本要求是：适用性、耐用性、卫生性、安全性等。

1. 适用性

适用性是指日用工业品满足主要用途所必须具备的性能或质量要求。不同商品的适用性各有不同要求，如洗涤剂必须去污，电冰箱必须制冷，化妆品对肌肤无刺激等。即使同一类商品，由于品种不同，用途也各不相同。如印刷用纸对油墨应有良好的吸湿性，而包装用纸则要求有一定的厚度和机械强度。商品的多用性扩大了商品的适用范围。因此，适用性是构成商品使用价值的基本条件，也是评价日用工业品质量的重要指标。

2. 耐用性

耐用性是指日用工业品抵抗各种外界因素对其破坏的能力，它反映了日用工业品坚固耐用的程度和一定的使用期限、次数。例如，手机电池可用多长时间，灯管在 220v 电压下工作多少小时等，这些都是通过使用寿命来反映其耐用性。提高日用工业品的坚固耐用性，就能延长商品的使用寿命，就等于不用额外消耗原料和劳动力，而提高了产品的质量。所以耐用性是评价绝大多数日用工业品质量主要的依据。

3. 卫生性、安全性

卫生性是指日用工业品在使用时不能影响人体健康和人身安全的质量特性。对盛放食物的器皿、化妆品、玩具、太空杯、肥皂、牙膏及包装材料等商品应具有无毒无害性。各种家用电器不漏电、无辐射、安全可靠，在使用过程中不发生危险。玻璃器皿中有毒的重金属元素应在一定的标准内。所以在评价日用品的质量时必须重视它们的卫生性和安全性。

4. 外观美观性

日用工业品的外观，主要是指其表面特征。一方面包括商品的外观疵点，即影响商品外观或影响质量的表面缺陷，另一方面指商品的表面装饰如造型、款式、色彩、花纹、图案等。对商品外观总的要求是式样大方新颖、造型美观、色彩适宜，具有艺术感和时代风格，并且应无严重影响外观质量的疵点。

5. 结构合理性

日用工业品的结构，主要是指其形状、大小和部件的装配要合理，若结构不合理，不仅影响其外观，而且直接影响其适用性和耐用性，例如，服装、鞋帽结构不当，不仅使人感到不舒服，不美观，而且无法穿戴，丧失了使用价值，对于那些起着美化装饰作用的日用工业品，它们的外观造型结构更具有特殊的意义。

有些模拟企业经营诸如玩具、电池、小饰品等商品，希望模拟企业能从正规渠道进货，这样才能保证所售商品的质量。

6.3 商品包装

6.3.1 商品包装的概念

商品包装是根据商品特性，使用适宜的包装材料或包装容器，将商品包装或盛装，保持商品完好状态，以达到保护商品，方便运输，促进销售的目的。

商品包装包括二层含义：一是指为了使商品方便运输，贮存，促进销售，便于使用，对商品实行的包裹、存放的容器和辅助材料，通常叫包装材料 或包装用品，如箱、纸、桶、盒、绳、钉等。二是指对商品进行包裹、存装、打包、装潢的整体操作过程，是包装商品的具体业务。如装箱、扎件、灌瓶等。产品经过包装所形成的总体称为包装体。包装体则是一般意义上包装的延伸。它包括从包装产出到产品组合，分发包装产品，处理废物及回收利用，体现了与包装有关的许多部门之间的系统联系。

6.3.2 几种流行的销售包装款式

1. 悬挂式包装

是当前最流行的包装方式之一，主要有：纸卡式，用于小型工具和厨房用品包装；泡罩式，多用于玩具、文教用品、工艺品及各式胸花等；贴体式，多用于日用品、打火机、小刀、办公用具等；袋装式，用于扳手、日常工具、旅行用具等。

2. 透明式、开窗式包装

多用于高级服装、内衣、毛衣、工艺品等的包装。此包装便于消费者观察，易引起消费者购买欲望、兴趣，盒面上配有精美图案，突出了商品的特点。

3. 配套包装和组合包装

配套包装是将各种相互配合的商品包装在一起，便于消费者购买和使用。如：成套化妆品、床上用品、文教用品等常用这种包装。组合包装是将几种不同品种的商品组合在一起，成组出售，例如，罐头、酒类、饮料、调味品、小食品、快餐面等。

4. 分散包装

与配套包装相反，分散包装就是将原来的整件的商品分成小包装，主要用于食品、药品等的包装。

5. 礼品包装

礼品包装是用特制的装饰材料将商品包、扎起来，使礼品显得精美、大方、典雅、高贵、不同寻常。礼品包装越来越被人们所青睐。

6.3.3 商品包装的材料

包装材料是商品包装的物质基础，选择包装材料必须遵循质优、体轻、面广，合理、节约、无毒、无害、无污染的原则。商品包装材料很多，常用的有塑料、纸和纸制品、木材、金属、玻璃、纤维材料以及其他材料等。

1. 塑料包装

塑料包装是指各种以塑料为原料制成的包装的统称。塑料包装具有质轻、透明、不同的强度和弹性、折叠及封合方便、防水防潮、防渗漏、易于成型、可塑性与气密性好、防震、防压、防碰撞、耐冲击、化学稳定性能好、易着色、可印刷、成本低等优点。但塑料难于降解，易造成环境污染。其包装主要有：塑料桶、塑料软管 、塑料盒、塑料瓶、塑料薄膜、塑料编织袋等。

2. 纸和纸制品

当今市场最主要的包装材料是纸和纸制品，其用量约占整个包装材料的 40% 左右。纸的最大优点是轻便、无味无毒、卫生性好、强度适宜、易于粘合印刷、便于机械化生产、不会造成公害、取材容易、价格低廉等。纸的缺点是撕破强度低，易变形。纸制包装容器有纸板箱、瓦楞纸箱、纸盒、纸袋、纸桶、纸筒、纸杯、纸盘及纸浆模制包装等。

3. 玻璃

玻璃属无机硅酸盐制品。其特点是：透明、清洁、美观、有良好的机械性能和化学稳定性、易封闭、价格较便宜、可多次周转使用、资源丰富。玻璃包装容器常见的有瓶、罐、缸等。玻璃包装广泛用于酒类、饮料、罐头、调味品、药品、化妆品、化学试剂的商品的销售包装。

4. 其他

常用的包装材料还有木材、金属、复合材料等，上述三种材料是模拟企业比较适用的，极其例外情况下，有可能会用到木材、金属、复合材料等包装材料。

6.4 商品的陈列

商品陈列直接影响到顾客的购买欲望，商品展示与陈列的艺术效果不仅要展现出商品的特色，还应满足人们的审美需求。在工商模拟市场的商品经营中，商品陈列也是我们实训的一个重要内容。

6.4.1 商品陈列基本要求

在工商模拟市场实训中，商品陈列应注意哪些问题呢？经分析可知，商品陈列应注意以下三方面的问题，这些是对商品陈列的基本要求。

1. 商品摆放要丰满

顾客来到店铺最关心的就是商品，所以一来就会把目光投向柜台货架。这时候，如果柜台货架上的商品琳琅满目，非常丰富，他的精神就会为之一振，产生较大热情。无形中他会产生一种想法：这儿的商品这么多，一定有适合我买的。因而购物信心大增，购物情绪高涨。相反如果货架上商品稀稀拉拉，购物店铺空空荡荡，顾客就容易泄气，他会觉得商品这么少，不会有啥好货，一旦产生这种心理，便会对解囊消费造成极大阻力。因此，商品陈列的第一条基本要求就是“商品摆放要丰满”。商品陈列不等于样品陈列，样品陈列只是商品陈列工作诸多职能中的一种，而商品陈列最重要的职能是广告作用。有一位营销专家说：“商品本身就是广告”。

我们说，商品陈列也是一种广告。中国有一句经商谚语：货卖堆山。为什么要堆山？就是要通过商品的极大丰富、极大丰满来招徕顾客、吸引顾客、刺激顾客的购买欲。这是我们的老祖宗的经验之谈。所以，要把商品陈列看做招徕顾客的一种方式。为了有效地招徕顾客，商品摆放一定要丰满。当然。丰满不等于拥塞，不同品类的商品对丰满有不同的要求，这是实训中应加注意的。

2. 展示商品的美

丰满的商品吸引了顾客的目光，他不由自主来到柜台前，这时他最想知道的是什么？最想知道的是“这东西如何”，即商品的质量好不好，外观美不美，适不适合他穿，适不适合他用。因而，聪明的模拟企业经营者在商品陈列上总是尽可能充分地展示商品的美，包括内在美与外在美，这是商品陈列的第二个基本要求。所谓展示商品的外在美，就是运用多种手段，将柜台货架上的商品予以美化，对商品的外在美予以强化，借此激发顾客的购买欲。

服装、珠宝及饰品类在展示外在美方面表现最突出，其陈列效果与销售的关系最为密切。一件高档时装，如果把它很随意地挂在普通衣架上，其高档次就显现不出来，顾客就可能看不上眼。如果把它“穿”在模特身上，再配以其他的衬托、装饰，其高雅的款式、精细的做工，就很清楚地呈现在顾客面前，顾客就很容易为之动心。又比如饰品，如果把它放在高雅温馨的柜台内，再以柔和的灯光照着，使之光芒四射、熠熠生辉，这对顾客是一种什么刺激则不难想像。

3. 营造特有气氛

商品陈列的第三个基本要求是通过商品别具匠心的组合排列，营造一种或温馨、或明快、或浪漫的特有气氛，消除顾客与商品的心理距离使顾客对商品产生可亲、可近、可爱之感。俄罗斯有句形容语言力量的谚语——“不是蜜，却可以粘住一切”。柜台内的商品也有语言，通过别具匠心的陈列传达了一种无声的语言，它同样具有调动人的情绪、激发人的感情、催生人的欲望之作用。

6.4.2 商品陈列的步骤

1. 计划及准备

好的计划及准备是成功的一半。首先要确定你拥有需要的陈列器材及工具等，包括：陈列辅助物、大头针、笔、糨糊、订书机、剪子、铁钉、胶带、货架吊绳、旗帜、价格标贴等，并做好相应的计划与准备。

2. 熟悉自己的陈列辅助器材

要特别了解与熟悉自己的陈列辅助器材，如海报、货架吊绳、空的货箱、箱子、柜台陈列物品、悬挂物、样品、简册、传单说明书、标识标贴等。

3. 充分利用你的想像力做好陈列

尽量有效运用一切可利用的空间。首先，考虑有没有另外不同的方式来使用你的陈列辅助器材，使陈列能更突出。然后，选择相关的器材，来强化你的陈列，使它突出显眼。最后，确定你的陈列与自己的产品定位是否相符。

4. 陈列的小秘诀

以下小秘诀，可能会让你受益匪浅。

（1）不要让顾客不容易取到你的商品，这会影响顾客购买。

（2）不要让你的海报或陈列被其他东西掩盖住，这会让你失去销售机会。

（3）不要将不同类别的产品堆放在一起，那样会引起顾客的不愉快感受与联想，如洗衣粉跟食品放在一起，消费者心中会产生顾虑与不安全感。

（4）安置你的陈列，使之可以从外面看得到，这样才会吸引顾客的注意力。

（5）使顾客还未到某种商品陈列处之前就知道其陈列位置，可运用指示牌，否则很可能让堆放的陈列失去意义。

(6) 试试运用一些小的指示或提醒式的陈列，摆入少量的产品在柜台上。

(7) 在接近收银台或就收银台的边墙安放一些商品陈列，顾客经过时或当他们等待被服务时即可看到。

(8) 弱势品牌最好尽量陈列在第一品牌的旁边。

6.4.3 流行的商品陈列技巧

一件商品能否使顾客感到华丽、新颖和富有吸引力，其布置与陈列起着十分关键的作用。随着时间的推移，再新奇的商品也会慢慢地失去光彩。一个富有经验的销售商并不仅仅展示商品的新奇，还应该让他的顾客能感知商品的内在价值。以下介绍的是一些流行的商品陈列技巧。

1. 陈列体现系列化

每一类商品都有其不同的特征。表现商品特征一个有效方法，就是将同类商品按不同方式集中组合起来，构成较完美的几何图案。不同的商品系列还可用不同的底板作陪衬。

2. 展示突出重点

在同一类商品中也许有几件较有特色的商品，为了突出展示这些商品，可以选择梯形展台，它能较好地满足这方面的需要。例如在梯形展台上分多层陈列大小不同的盘子，并在背面用色彩相配的图案作底时，再配以聚光灯照明，可呈现非常鲜明的效果。

3. 紧抓顾客心理

在许多情况下，顾客最关心的并非是商品的价格，而是其内在的品质。如用大型图片展示一袋正在倒出的可可豆，其效果显然没有展示顾客品尝可可豆的情景来得好，因为顾客最关心的可可豆的味道，而不是它的形状。因此，在商品陈列之前，首先应弄清楚顾客对该种产品已经了解了多少，最想要知道是什么。

4. 兼顾实用性

有些商品，尤其是一些日用品，顾客对其功能已十分了解，因而应注重介绍这些商品的实用性。对纺织品、家用器具等普通商品，应让顾客知道其制作原料，并按日常使用的方式展示在人们面前，如按平时使用方式摆放在桌上的餐具，比放在货架上或插入在面板上能使人印象深刻，佩带在模特儿身上的饰品要比放在玻璃柜里的更耀眼夺目。

5. 示范商品的优越性

形象地展示商品内在和外观的质量是营销工作的一项基本技能。某些商品，如衣服等，只需随意悬挂就可展示其外观的美，但如果让顾客对其有深刻的印象，则需通过其他方法，如通过其他方法检验衣服的质地、做工等。还有一些商品，要在实际工作状态中才可显示其优越性能，这种方式远比文字说明更加形象。如MP3的展示，除了墙上的广告说明之外，柜台上的电子产品可让顾客随意使用，让其切身体会这种商品的性能。

6.5 商品采购

商品采购是模拟企业经营的一个关键环节。采购中每1元钱的节省都会转化成1元钱的利润。在其他条件不变的情况下，假设企业的利润率为5%，要想靠增加销售来获取1元钱利润，则需要多销售20元的商品。可见从采购的角度降低1元钱的成本比从销售上多卖20元的商品要容易得多，成本也要低得多。采购成本是模拟企业管理中成本的主体，采购是模拟企业管理中最有价值的部分。因而同学们在工商模拟市场实训中要特别注重这一环节。为此，要了解和掌握以下几方面的内容。

6.5.1 必备的商品知识

经营者，如果连自己所销的商品名字和性能都说不出来，那怎么能说服顾客来购买呢？因此，模拟企业成员应掌握那些能够积极引导顾客购物的相关知识。一般包括以下几点：

（1）商品的名称、商标、规格和产地。

（2）商品的原料、成分、性能、优点。

（3）商品如何使用。

（4）掌握一些基本维修技巧。

6.5.2 进货要领

每个模拟企业经营能否成功，与进货有很大关系。进货太多，存货就相对过多，不仅积压资金，而且可能因销售不畅而亏损。如果进了假冒伪劣产品，不仅造成对消费者侵害，而且给自己造成一定的损失。相反，如果进货太少，很可能造成缺货，失去更多的盈利机会。

一般模拟企业进货是视销售情况商定的。进货时，应注意把握以下原则：

1. 按不同商品的供求规律进货

对于供求平衡、货源正常的日用工业品，适销什么，就购进什么，快销就勤进，多销就多进，少销就少进；对于货源时断时续，供不应求的商品，根据市场需要，开辟进货来源，随时了解供货情况，随供随进；对于扩大推销，而销量却不大的商品，应当少进多样，在保持品种齐全和必备库存的前提下，随进随销。

2. 按商品供应地进货

当地进货，要少进勤进；外地进货，适当多进，适当储备。

6.5.3 进货来源

一般模拟企业进货来源主要有：

(1) 从厂商处直接进货。

(2) 从批发商处进货。

(3) 从亲友处进货。

(4) 代理或代销商品。

进货后，最好建立厂商、批发商资料卡。卡片主要记载厂商或批发商名称、地址、电话、供应商品名称、数量、时间、单价、折扣及付款方式。

6.5.4 进货技巧

1. 货比三家

如何选择货物来源是每个模拟企业极其关心的事，一般模拟企业都愿意到廉价供应商处进货，但如果仅仅关心价格，而忽略了质量，也不会把生意做旺的。

进货时,应注意以下几点：

(1) 严格把好进货关，在进货时，要对进货厂家有个初步了解，了解厂家是否为合法经营实体。

(2) 严格考察厂家的商品质量。

(3) 掌握相关商品的信息、商品动态。

(4) 多方比较商品的质量、价格等。

2. 依靠信息进货

商品进货，离不开市场信息，准确的市场信息，可使模拟企业做出正确的决策。如果信息不可靠，就会使经营遭受损失，而市场信息又来源于市场调查。

课后作业

1. 根据本章要求确认本模拟企业的商品包装与商品陈列方法。
2. 各模拟企业根据自身的实际情况确认采购渠道和采购策略。

附录6A 工商模拟市场模拟企业商品管理

模拟企业店名：Sweet House

负责人：刘静珊(05101248)

成员：薛碧燕(05101230) 陈丽仙(05101234) 梁宝玲(05101240)

尹爱英(05101238) 刘燕春(05101222) 伦汉兴(05101232)

班别：05 工商行政管理（2）班

6A.1 采购进货

据我们调查所知，除了一些找赞助商的店铺，和一些卖家乡特产的店铺以外，绝大多数店铺都是在学校周边的市区的商场或批发市场里进货。而进货可能性最大的是市桥的东城批发市场和清河批发市场。这些批发市场各类型的商品都有，而且是可以讲价的，买得越多优惠就越多。当然，在这种批发商场的货品是市面上常见的，销售这类商品就没有多少特色。而且批发商场属于中间商，他们的价格肯定比直接跟生产商购货要高。

根据我们店铺的实际情况，我们决定制造甜品的原材料在批发市场里面采购。首先，我们在采购之前先做价格与数量预算，计算一下大概需要多少的费用；其次，采购的过程中先不要急着买，要先多走几间店铺，选一些质量好、价格合理的购买，以免带来不必要的损失。而零售的糖果我们则选择直接与企业联系购货，这样既省下中间商所赚的那一部分成本，又可以购到市面上不常见的货品，以扩大市场占有率。

6A.2 商品的管理

我们主要销售的商品有糖水、糖果、果汁和其他甜品。糖水，是熟食的一种，存放时间短，尤其现在的天气很热，不宜隔夜存放。这样，不但糖水变质，消费者还会对我们质量卫生心存怀疑，导致店铺的声誉受影响，营业额直线下降。所以，本企业对糖水的质量做出一系列措施：

（1）预计好当日糖水的需求量；

（2）即使有剩，也绝不能让糖水留一夜，无论用什么方法，如自己食，也要把糖水当晚消灭，确保糖水的质量；

（3）本店铺的糖水用料充足，绝无偷工减料的，当然材料的质量也经过我们的严格把关，所以我们的糖水大可令消费者放心购买品尝，种类也很多，保证符合大众口味。

糖果，也是本店铺另一卖点，既可爱又可口，见了也不忍心食它。当然，糖果的品质也很重要，它是相当容易招来虫蚁的，包装是重要的一个环节，我们的糖果的包装相当严密，全都是独立包装，绝无透风的现象，这样，虫蚁就不会发觉有糖果的存在。

至于果汁和其他饮品的质量保证也是一样，果汁和其他饮料都是即做即售的，不会有太长的存放期，这样可以确保新鲜。另外，本店铺也严格注重卫生，每天注意店铺卫生，不乱放东西，整洁干净，顾客才会对我们商品有信心。

第 7 章

市场营销管理

学习目标

1. 了解市场营销的核心概念。
2. 确定模拟企业战略计划过程。
3. 确定模拟企业竞争地位与营销战略。
4. 掌握模拟企业市场营销管理过程。

市场营销管理是工商模拟市场实训中任务最重的一个环节，也是检验学生商品经营能力的一个关键环节。市场营销管理是否到位直接关系到同学们的工商模拟市场实训能否成功。在以往学习过的市场营销管理中涉及的理论很多，本章重点在消费者购买行为分析、市场调研、市场细分与市场定位、4P策略等方面指导同学们实训。

7.1 消费者购买行为分析

消费者购买行为分析是市场营销管理的重要内容，也是一切营销活动得以开展的逻辑起点，只有对目标顾客进行充分关注，才有可能通过产品和服务使顾客的需要和欲望得到满足。因此，模拟企业需要从认识购买者的需要入手，分析这些需要产生的各种原因，研究消费者的购买决策过程和购买行为模式。

7.1.1 消费者购买行为模式

消费者可分为生产型消费者、消费型消费者等类型，我们是工商模拟市场实训，因此我们在这里只是对消费型的消费者购买行为模式进行分析，具体如图7-1所示。同学们应重点把握消费者在进行购买决策时涉及的产品选择、品牌选择、经销商选择、购买时间与购买数量，若能在这几个方面争取主动，相信你已有了一个成功的开始。

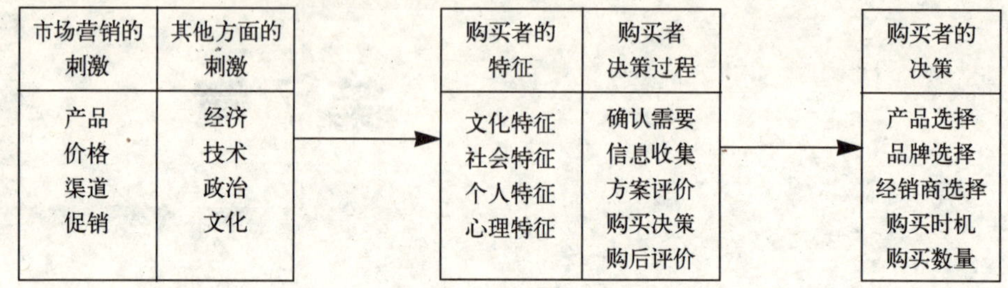

图7-1 购买者行为模式

7.1.2 影响消费者购买行为的主要因素

消费者购买行为取决于其自身的需要和欲望，而人们的需要和欲望以至消费习惯和行为，是在许多因素的影响下形成的。这些因素从理论上讲主要可归纳为四大类因素：文化、心理、社会、个人，具体如图7-2所示。但在工商模拟市场实训中，重点应关注一个学校的消费文化、学生家庭状况、经济情况、生活方式、年龄和身份以及影响学生购买行为的不同的心理因素。

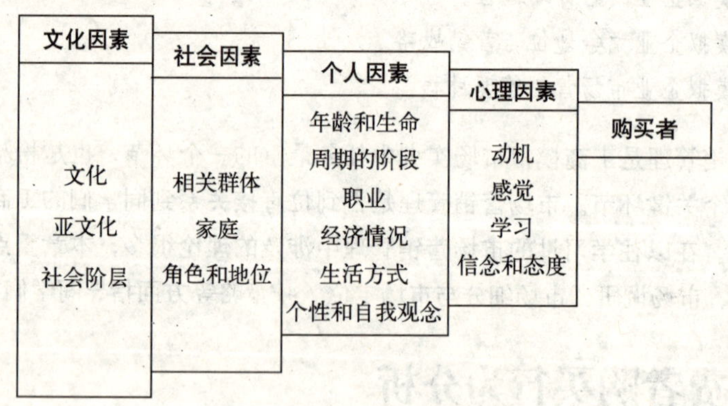

图7-2 影响消费者购买行为的要素

7.1.3 消费者购买决策过程

1. 参与购买决策的各类角色

在工商模拟市场实训中，同学们应理解人们在购买决策过程中可能扮演不同的角色，主要包括：发起者，最初提出购买某种商品的人；影响者，直接或间接影响最后决策的人；决策者，对部分或整个购买决策，如是否购买、购买什么、如何购买、何处购买和何时购买等。有权做出最后决定的人；购买者，实际执行购买决策的人；使用者，实际使用和消费该商品的人。校园中的同学们过着集体生活，有时一个宿舍就像一个家庭一样，他们的购买行为以及每人所扮演的角色与社会中的消费群体大同小异，因而不可视他们为孤立的消费群体。

2. 消费者购买行为的类型

在工商模拟市场实训中，我们遇到的消费者购买行为通常主要有以下两种类型:

（1）复杂型购买行为。消费者初次购买差异性很大的商品时发生的购买行为。为了帮助消费者了解这类商品的各种特性、突出本品牌的优点，模拟企业应通过小广告、熟人介绍、现场强力推销进行宣传和销售。

（2）和谐型购买行为。消费者购买差异性不大的商品时发生的一种购买行为。模拟企业一方面要通过调整价格、选择干练的售货员来影响消费者的商品选择；另一方面，还应以各种方式与购买者取得联系，及时提供信息或培养感情，使他们对自己的购买选择感到满意。

3. 消费者购买决策过程

在工商模拟市场实训中，我们应该明白一个完整的购买行为过程一般包括五个阶段：引起需要、搜集信息、评估选择、购买决策、购后评价，如图7-3所示。同学们若能把握消费者购买决策的这五个阶段，相信你一定会获得消费者的青睐。

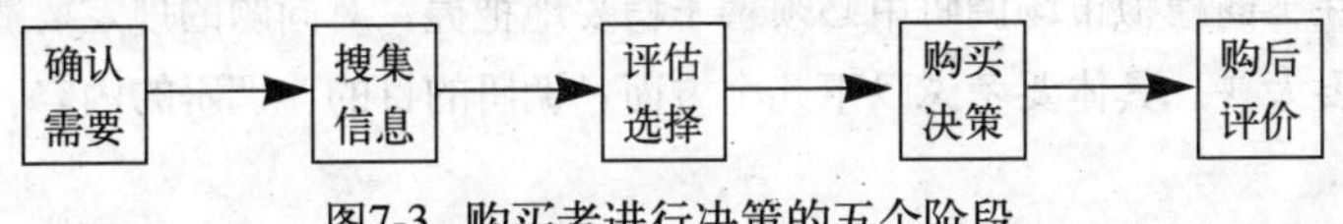

图7-3 购买者进行决策的五个阶段

7.2 市场营销调研

市场营销调研是认识市场、获得市场信息的最基本的方法，是市场预测的基础、是进行科学的经营决策的保证、是发现经营和管理中存在问题的重要手段。同时也是工商模拟市场实训的重要内容。

7.2.1 市场营销调研的内容与步骤

1. 市场营销调研的主要内容

（1）市场需求情况调研：要在学校这个模拟市场中调查以下内容：

1）市场商品需求总额及其构成调研。

2）各种商品品种、规格、型号、质量、数量、花色、式样、包装、需用时间等需求情况及满足程度调研。

3）消费者购买心理及购买行为调研。

4）人口状况调研。

（2）市场供应情况调研：这是同学们在实训中容易忽视的环节，市场供应情况调研主要包括：

1）市场商品供应总额及其构成调研。

2）本模拟企业产品调研。

3）竞争情况调研。

（3）企业营销效果调研：如果说前两者主要是在商品经营前调研，那么这一项要在经营中和经营后进行调研，主要包括：

1）销售效果调研。

2）广告效果调研。

2. 市场营销调研的步骤

市场营销调研的具体步骤如图7-4所示。

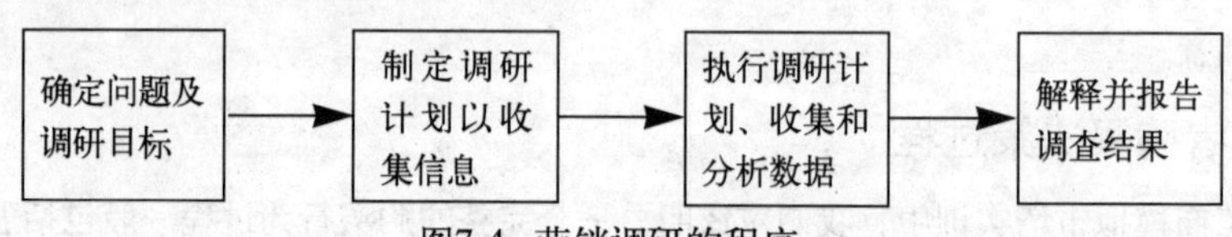

图7-4 营销调研的程序

（1）确定问题及调研目标：在任何一个问题上都存在着许许多多可以进行调研的因素。因此，在工商模拟市场调研中必须善于稳妥地把握，对问题的规定要适量，既不要太宽，也不要太狭。具体要考虑以下几个方面：调研的目的、调研的内容、调研结果的用处。

（2）制定调研计划：对工商模拟市场调研的组织领导、人员分工、完成时间、工作进度和费用预算等预先进行的安排，目的是使市场调研工作能够有计划、有秩序地进行，以保证市场研究方案的实现。

（3）执行调研计划：调研人员深入实际，按照调研方案的要求和工作计划的安排，系统地搜集各种资料依据。

（4）解释并报告调研结果：市场调研报告要根据调研的目的和所搜集到的信息资料，经过分析研究，做出判断性结论，提出建设性意见，使市场调研报告发挥应有的作用。

7.2.2 市场调研方法

在工商模拟市场实训中常用的市场调研方法如下：

1. 面谈调查

调查者直接与被调查者会谈取得所需资料的调查方式。

（1）自由交谈：被调查者可充分发表意见，双方可以讨论。

（2）问答式交谈：调查者按事先拟好的调查项目依次提问，被调查者回答，一一记录。

（3）个别访问：一次访问一个被调查者，灵活、较深入，收集信息多，但代价高。

面谈法的特点：回答率高，能直接了解被调查者态度，但结果易受调查者态度的影响。

2. 电话调查

通过电话直接询问被调查者。如果你想从已毕业的师兄、师姐那里取得参加工商模拟市场实训的经验和教训，可采用电话方法。当然对其他人也可以用。

电话调查的特点：快捷且回答率高；但受时间限制，只能调查简单的项目。

3. 问卷调查

调查者将调查问卷当面交给被调查者，并说明填表要求，被调查者填写后按约定日期由调查者回收。

问卷调查的特点：可当面作解释，答题时间充裕、回收率高等；但费用较高，且调查范围也受到限制。

4. 观察法

调查者亲临现场对被调查对象进行实地观测、考察而获得资料。在对竞争对手的销售效果和广告效果等方面进行调查时可用此方法。

观察法的特点：优点是调查结果较为客观，有的结果是无法用其他方式得到的；缺点是观察时间较长，且涉及消费心理、购买动机等主观因素时难以观察到。

7.3 市场细分与定位

目标市场营销，就是选择与本企业营销宗旨最相适应、销售潜力最大、获利最丰的那部分市场作为自己争取的目标，然后采取相应的市场营销手段，打入或占领这个市场。因而市场细分与定位是在市场调研后需重点把握的一个环节。

7.3.1 市场细分的方法

1. 细分变数

在消费者市场方面，用以细分的变数，通常可归纳为人口统计、地理、心理和行为等基本因素。在工商模拟市场实训中应重点考虑以下因素：

（1）按人口统计的市场细分：按大学生年级细分、按性别细分、按经济条件细分

（2）按心理的市场细分：按生活方式细分、按态度细分、按利益追求细分

（3）按行为的市场细分：按使用率细分、按使用情况细分、按使用者的忠诚性细分

2. 三种细分方法

假设有6个消费者的市场。根据细分程度的不同，一般有三种方法，即完全细分、按一个因素细分和按两个以上因素细分。

（1）完全细分：这种细分的方法在实训中不太常用。

(2) 按一个影响因素细分：在工商模拟市场实训中，可按上述因素中的一个如经济条件来细分。

(3) 按两个以上因素细分：在工商模拟市场实训中，可按上述因素中的两个以上因素如年级、未使用过的、生活方式前卫的等因素来细分。

7.3.2 目标市场选择

目标市场是在市场细分的基础上，从满足现实的或潜在的目标顾客的需求出发，并根据企业自身经营条件而选定的特定市场。市场经过细分、评估后，可能得出许多可供进入的细分市场，这时公司就要进一步做出市场细分的决策，即决定向哪个市场或多少个市场进入，也就是做出市场覆盖宽度的决策。根据各个细分市场的独特性和模拟企业自身的目标，共有三种目标市场策略可供选择。

1. 无差异市场营销策略

指模拟企业只推出一种产品，或只用一套市场营销办法来招徕顾客。当公司断定各个细分市场之间很少差异时可考虑采用这种大量市场营销策略。

2. 密集性市场营销策略

这是指模拟企业将一切市场营销努力集中于一个或少数几个有利的细分市场。

3. 差异性市场营销策略

指模拟企业根据各个细分市场的特点，相应扩大某些产品的花色、式样和品种，或制定不同的营销计划和办法，以充分适应不同消费者的不同需求，吸引各种不同的购买者，从而扩大各种产品的销售量。

这种策略的优点：在产品设计或宣传推销上能有的放矢，分别满足不同地区消费者的需求，可增加产品的总销售量，同时可使公司在细分小市场上占有优势，从而提高企业的信誉，在消费者心中树立良好的公司形象。

这种策略的缺点：会增加各种费用，如增加产品改良成本、制造成本、管理费用、储存费用。

7.3.3 市场定位

市场定位就是针对竞争者现有产品在市场上所处的位置，根据消费者或用户对该产品某一属性或特征的重视程度，为产品设计和塑造一定的个性或形象，并通过一系列营销手段，努力把这种个性或形象强有力地传达给顾客，从而适当确定该产品在市场上的位置。在工商模拟市场实训中，市场定位策略可参照以下几种：

1. 压倒优势定位

就是你企业的产品在质量上、或在价格上、或在服务上、或在品种上等方面具有其他模拟企业所不具备的优势。

2. 功效定位

就是你所销售的商品在同类商品中具有独特或他人不可比拟的功效。

3. 比附定位

就是攀附名牌，比拟名牌来给自己的产品定位，以借名牌之光而使自己的品牌生辉。如：本产品是“十大驰名商标之一”。

4. 属性定位

这是指根据特定的产品属性来定位。如：健力宝—运动饮料；摩尔香烟—女士烟。

5. 利益定位

这是由产品所满足的或提供的利益、解决问题的程度来定位。如中华牙膏定位为“超洁爽口”；洁银牙膏定位为“疗效牙膏”。

6. 与竞争者划定界线定位

它是指与某些知名产品做出明显区分，给自己的产品定一个独特的位置。如：某汽水—“非可乐”型饮料。

7. 市场空档定位

模拟企业寻找市场上尚无人重视未被竞争对手使用的位置，使自己推出的产品能适应这潜在目标市场的需要策略。

8. 质量、价格定位

这是指结合对照质量和价格来定位。如“物有所值”、“高质高价”、“物美价廉”等相对定位。

7.4　确定营销策略组合

所谓市场营销策略组合，是企业为最大限度地满足目标市场的需求和应付竞争，对企业可以控制的市场营销因素（如质量、包装、价格、广告、销售渠道）进行策略的优化组合。企业可以控制的市场营销因素很多，最通用的分类方法是美国学者E.J.麦卡锡提出的，即将各种市场营销因素分为四类：产品（product）、价格（price）、地点（place）、促销（promotion），即“4Ps”（见图7-5）。在工商模拟市场中，我们重点在产品、价格、促销三个方面进行实训，而地点或者说渠道不是我们这次实训的重点。

7.4.1　产品策略

产品是市场营销组合中最重要，也是最基本的因素。因为，模拟企业在制定营销组合策略时，首先必须决策发展什么样的产品来满足目标市场需求。产品策略的研究，将使这一问题得到全面、系统地回答，进而研究怎么进行产品概念和产品的创新，使得模拟企业能够通过不同的产品系列满足更广泛的顾客多元化的需求。在工商模拟市场实训期间，首先要理解整体产品概念。

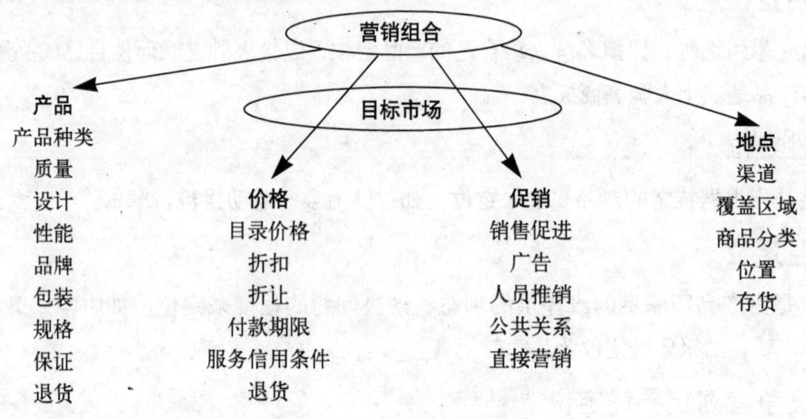

图7-5 营销策略组合4Ps

1. 理解整体产品概念

产品是指能提供给市场，供使用和消费的，可满足某种欲望和需要的任何东西，包括实物、劳务、场所、组织和思想等。产品整体包括三个层次：核心产品、有形产品和附加产品。如图7-6所示。

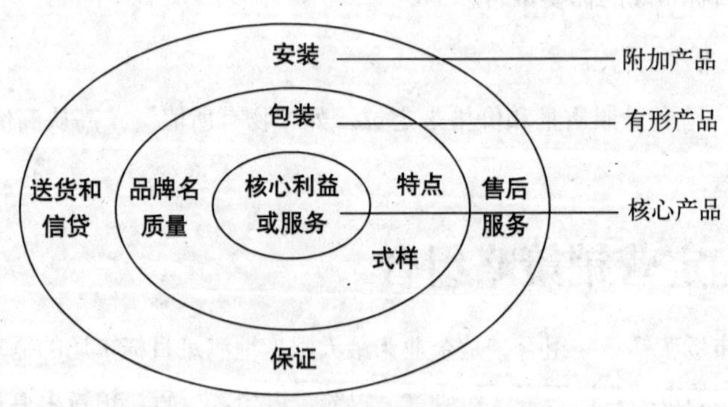

图7-6 产品整体的三个层次

2. 确定产品策略

在确定产品策略时，重点把握以下几方面内容：

(1) 产品的技术含量。技术先进在哪里，又有哪些缺陷？

(2) 产品使用的主要原材料、部件是什么？

(3) 产品质量如何？

(4) 产品工艺水平如何？产品表面是粗糙，还是非常精致、细腻？

（5）产品的主要性能参数怎样？

（6）产品的主要功能如何？

（7）产品的最主要卖点和优势是什么？

（8）产品更新换代周期有多长？

以上内容看起来比较专业，但这是我们在工商模拟市场实训中必须要掌握的内容。从以往经验看，有些模拟企业产品策略滞后，表现为只重营销不重产品，认为只要营销策略得当，再差的产品也能卖个好价钱，最终失败也不知原因何在。事实上产品是企业与消费者发生联系的物质载体，是消费者评判的最终依据。强调产品的中心地位，目的是让营销有一个坚实的基础，使商品经营更趋理性。在工商模拟市场实训中必须记住的是，产品策略永远是先于其他营销策略的，切忌任意颠倒。

7.4.2　价格策略

价格是市场营销组合中一个十分敏感而又难以控制的因素，它直接关系着需求量的多少和利润的高低，影响着营销组合的其他因素，并在一定程度上具有战略意义，决定着模拟企业营销的成败。

7.4.2.1　影响价格决策的因素

1. 营销目标

模拟企业的营销目标是影响公司定价的一个重要因素。不同企业的营销目标，或同一个企业不同时期的营销目标是多种多样的，但归结起来，最通常的目标有下列几种：

（1）求生存：价格能补偿变动成本和部分固定成本。

（2）求目标投资收益率：最大当期利润。

（3）求市场占有率占统治地位：最低价扩大销售。

（4）求产品质量的领先地位：高价格高质量。

（5）企图阻止新的竞争者加入：低价阻截。

2. 成本

一般来说，在产品价格构成中，成本所占的比重大，是定价的基础。

3. 产品特点

产品具有独特性，价格可高。

4. 促销

促销费用是价格构成的重要因素。

5. 市场和需求

成本是制定价格的下限，而市场和需求却是制定价格的上限。

6. 竞争者

模拟企业定价必须考虑竞争者的成本、价格以及本企业自身价格变动后竞争者可能做出的反应。

7.4.2.2 价格决策的方法

在工商模拟市场实训中，大部分同学都会想到或用到成本加成定价法或参照竞争对手定价，但若想在竞争中取胜还可根据实际情况灵活运用其他方法确定价格策略。

1. 随行就市定价法

即企业根据行业的平均价格为标准制定本企业的商品价格。在竞争激烈的情况下，是一种与同行和平共处、比较稳妥的定价方法，可避免风险。

2. 追随定价法

即企业以同行业主导企业的价格为标准制定本企业的商品价格。如同行业中实力最强、影响最大的企业的单位产品定价为15元，本企业可根据产品、需求的具体情况将本商品的价格定在14～14.9元之间。此方法可避免本企业与竞争者之间的正面价格竞争。

3. 盈亏平衡定价法

又称收支平衡定价法，是运用损益平衡原理实行的一种保本定价方法。首先计算损益平衡点：

损益平衡点产量＝固定成本／(单位产品价格－单位可变成本)

当企业的产量达到损益平衡点产量时，企业不盈也不亏，收支平衡，保本经营。保本价计算公式如下：

保本价格＝固定成本／损益平衡销售量＋单位产品变动成本

如果企业把价格定在保本定价点时，则只能收回成本，不能盈利；若高于保本定价便可获利，获利水平取决于高于保本点的距离；若低于保本定价点，企业无疑是亏损的。

4. 成本导向定价法

成本导向定价法是一种以成本为中心的定价方法，也是传统的、运用得较普遍的定价方式。具体做法是按产品成本加一定的利润定价，也称“成本加成定价法”。如生产企业以生产成本为基础，商业零售企业则以进货成本为基础。例如：某零售店经营某种手表，其进货价为120元/只，加成率为50%，则每只手表的零售价格为120×(1＋50%)＝180元，毛利为60元。

这种方法的优点在于所定价格如能被接受，则可保证企业全部成本得到补偿；计算方便；在成本没有多大的波动的情况下，有利于价格的稳定。缺点在于不能反映市场需求状况和竞争状况。

5. 弧形数字法

“8”与“发”虽毫不相干但宁可信其有，不可信其无。满足消费者的心理需求总是对的。

据国外市场调查发现，在生意兴隆的商场超级市场中商品定价时所用的数字，按其使用的频率排序，先后依次是5、8、0、3、6、9、2、4、7、1。这种现象不是偶然出现的，究其根源是顾客消费心理的作用。带有弧形线条的数字，如5、8、0、3、6等似乎不带有刺激感，易为顾客接受；而不带有弧形线条的数字，如1、7、4等比较而言就不大受欢迎。所以，在商场超级市场商品销售价格中，8、5等数字最常出现，而1、4、7则出现次数少得多。

在价格的数字应用上，应结合我国国情。很多人喜欢8这个数字，并认为它会给自己带来发财的好运；4字，与“死”同音，被人忌讳；7字，人们一般感觉不舒心；6字，因中国老百姓有六六大顺的说法，6字比较受欢迎。

6. 非整数法

差之毫厘，失之千里。这种把商品零售价格定成带有零头结尾的非整数的做法，销售专家们称之为“非整数价格”。这是一种极能激发消费者购买欲望的价格。这种策略的出发点是认为消费者在心理上总是存在零头价格比整数价格低的感觉。

有一年夏天，一家日用杂品店进了一批货，以每件10元的价格销售，可购买者并不踊跃。无奈商店只好决定降价，但考虑到进货成本，只降了2角钱，价格变成9元8角。想不到就是这2角之差竟使局面陡变，买者络绎不绝，货物很快销售一空。售货员欣喜之余，慨叹一声，只差2角钱呀。

实践证明，“非整数价格法”确实能够激发出消费者良好的心理呼应，获得明显的经营效果。因为非整数价格虽与整数价格相近，但它给予消费者的心理信息是不一样的。

7. 同价销售术

英国有一家小店，起初生意萧条很不景气。一天，店主灵机一动，想出一招：只要顾客出1个英镑，便可在店内任选一件商品(店内商品都是同一价格的)。这可谓抓住了人们的好奇心理。尽管一些商品的价格略高于市价，但仍招徕了大批顾客，销售额比附近几家百货公司都高。讨价还价是一件挺烦人的事，一口价干脆简单。目前国内已兴起很多这样的店，方法虽好，但据笔者观测，生意却不太好。实质上，策略或招数只在一定程度上管用，关键还是要货真价实。

8. 分割法

没有什么东西能比顾客对价格更敏感的了，因为价格即代表他兜里的金钱，要让顾客感受到你只从他兜里掏了很少很少一部分，而非一大把。价格分割是一种心理策略。卖方定价时，采用这种技巧，能造成买方心理上的价格便宜感。例如：用较小的单位报价。茶叶每公斤10元报成每50克0.5元，大米每吨1 000元报成每公斤1元等。

9. 特高价法

独一无二的产品才能卖出独一无二的价格。特高价法即在新商品开始投放市场时，把价格定得大大高于成本，使企业在短期内能获得大量盈利，以后再根据市场形势的变化来调整价格。

某地有一商店进了少量中高档女外套，进价580元一件。该商店的经营者见这种外套用料、做工都很好，色彩、款式也很新颖，在本地市场上还没有出现过，于是定出1280元一件的高价，居然很快就销完了。

如果你推出的产品很受欢迎，而市场上只你一家，就可卖出较高的价。不过这种形势一般不会持续太久。畅销的东西，别人也可群起而仿之，因此，要保持较高售价，就必须不断推出独特的产品。

10. 低价法

“便宜无好货，好货不便宜”，这是千百年的经验之谈，你要做的事就是消除这种成见。这种策略则先将产品的价格定得尽可能低一些，使新产品迅速被消费者所接受，优先在市场取得领先地位。由于利润过低，能有效地排斥竞争对手，使自己迅速占领市场且薄利多销。但在应用低价格方法时应注意：(1）高档商品慎用；(2)对追求高消费的消费者慎用。

7.4.3 促销策略

7.4.3.1 促销方法

关于促销策略，同学们在市场营销这门课程的学习中已掌握了不少相关的理论和方法，建议同学们能学以致用，在此，我们提供一些实用的促销方法和实施要点供同学们参考。

1. 包装外赠品

这类促销的方式是在商品包装的外面附赠品，对于赠品的选择必须符合以下原则条件：

(1）易于了解赠品是什么，值多少钱，须让顾客一看便知。

(2）具有购买吸引力。

(3）尽可能挑选有品牌的赠品。

(4）要选择与产品有关联的赠品。

(5）紧密结合促销主题。

(6）赠品活动不可过度滥用，以免误导消费者认为该产品只会当赠品而忽略产品本身的特性及优点。

(7）赠品的成本一定考虑模拟企业的承受能力。

2. 免费样品派发

(1) 实施的主要方法：

1）去学生宿舍派送。

2）目标消费者聚集的公共场所内派送。

3）销售点派送。

(2) 优点：

创造高试用率及惊人的品牌转变率，促使试用者成为现实购买者的可能性高。

1）将产品信息直接展现在消费者面前，变被动接受为主动了解信息。

2）口碑效应明显。

3）有利于树立模拟企业形象。

4）有关产品的信息是全真的。

(3) 实施要点：

1）适合产品主要有：其一，大众化的日用品，最好是每个人都可能用到它，且使用频率高的。其二，产品成本应较低或可制成小容量的试用包装。其三，派发品要有独立品牌，并有一定的知名度。

2）设置监察制度，监督派送效果。

3）根据模拟企业营销策略制订具体的派送区域。

4）要防止漏派，重派，偷窃，偷卖派送品的现象。

3. 折价券

折价券一般分为两种形式：其一是针对消费者的折价券。其二是针对经销商的折价券。工商模拟市场实训仅讨论针对消费者的折价券。实施要点如下：

(1) 折价券的设计，通常按照纸币的大小形状来印制。折价券的信息传达应清晰，以引人注目。内容应用简单的文字将使用方法，限制范围，有效期限，说明文案一一描述。如果能加上一段极具销售力的文案诉求以鼓励消费者使用，效果更佳。

(2) 充分考虑折价券的到达率。消费者对商品的需要度，对品牌认知度，品牌忠诚度，品牌的经销能力，折价券的折价条件，使用地区范围，竞争品牌的活动内容，促销广告的设计与表现等影响兑换率的问题，制定相应的措施。

(3) 折价券的面值要适当。从工商模拟市场以往经验获悉，零售价5%至15%的折价金额是理想的折价券面值，也能获得最好的兑换率。

(4) 尽量避免误兑发生。

避免误兑发生的方法主要有以下几种：

其一，限制每次购物仅使用一张折价券。回收后，上交统一销毁；

其二，折价券的价值不宜过高。以免模拟企业承受不起并给不法分子伪造获利；

第三，折价方法清晰易懂，易于处理和承兑。

4. 减价优惠实施要点

（1）减价优惠至少要有5%～20%的折扣，并要有充分的理由，才能吸引消费者的购买。如果是低市场占有率的产品，可能要付出更高的减价优惠，才能增加销售效果。

（2）减价标示的设计，要把原价及减价后的现价同时标注，形成显明的对比，标示牌的大小，讲求美观，清晰，但要不影响消费者对商品的观察。

（3）减价优惠不易过度频繁使用，否则会有损品牌形象。

（4）消费者购物心理有时候是“买涨不买落”，要把握时机利用消费者此心理来促销产品。

5. 自助获赠

自助获赠是指顾客将购买某种商品的证明附上少量的金钱换取赠品的形式。

（1）自助获赠的优点主要有：

1）可根据各种不同的市场状况，灵活变化。

2）花费低，易处理。

3）可提高品牌形象。

4）用以强化广告主题。

5）用以回馈目前使用者并维护品牌忠诚度。

（2）自助获赠的实施要点：

1）需要广告配合。

2）赠品价值通常选择低价品。选择赠品时必须考虑以下问题：其一，赠送是否适当？其二，促销的支持是否充足？其三，是否符合消费者所需？

3）效果反应。一般兑换率不是非常高，最主要的影响兑换率的因素在于赠品的好坏，顾客阶层，商品的售价和促销优惠价值的认同等等。

4）出色的自助获赠促销活动，关键在于所提供的赠品只能从此次赠送中获得，绝不能从别处得到。

7.4.3.2 促销活动实施

1. 建立促销目标

（1）提高购买的人数，常用方法：pop推广，竞赛，减价优惠，免费试用等；

（2）提高人均购买次数，常用方法：赠品，折价券，减价优惠等；

（3）增加人均购买量，常用方法：折价券，减价优待，赠品等。

2. 选择促销工具

在选择促销工具时要考虑以下因素：

（1）促销目标。

特定的促销目标往往对促销工具的选择有着较为明确的条件制约和要求，从而规定着促销工具选择的可能范围。

（2）产品特性。

（3）消费者的消费心理及消费习惯。

（4）促销对象。

（5）竞争对手的情况。

（6）促销预算。

3. 设计促销方案

（1）促销形式：即采用何种促销形式。

（2）促销范围：分为两项内容即产品范围和市场范围。

（3）确定折扣率：要对以往的促销实践进行分析和总结，力求引起最大的销售反应。并结合新的环境条件确定适合的刺激程度。

（4）选择促销对象。

（5）促销媒介的选择。

（6）促销时间的选择包括：何时促销，何时宣布，持续时间及频率等。

（7）促销预算的分配。

（8）确定促销的期限和条件。

4. 试验、实施和控制方案

通过试验来确定促销工具的选择是否适当，刺激程度是否理想，现有的途径是否有效。可采用询问消费者，填调查表。经试验后与预期相近，便可进入实施阶段。在实施中要精心注意和监测市场反应，并及时调整促销方案，保持良好的实施和控制，以顺利实现预期的方案和效果。

5. 促销策划中的注意事项

（1）在确定促销目标和预算后，才推出促销计划。

（2）只有选好正确的促销工具，才能实现目标。

（3）促销对象必须针对促销商品的目标消费人群。

（4）促销活动文案要简单易懂。

（5）参与促销活动的条件要求不要过多。

（6）注意与其他营销沟通工具整合运用（如广告，人员推销，公关）。

（7）新产品的促销活动必须先试销后实施。

（8）促销计划要在活动实施前一周制订出。

（9）促销活动前要合理备货。

（10）促销活动实施期限要适宜。

7.5 市场营销的计划与控制

市场营销管理是由一系列有计划、有组织的活动组成的，市场营销的成功离不开市场营销计划与控制。在工商模拟市场实训中，模拟企业应制定市场营销的计划，并对计划进行有效地实施。

7.5.1 市场营销计划

营销计划是模拟企业市场营销管理中的重要职能之一，也是模拟企业为实现营销战略目标，适应环境变化，优化营销活动，自觉和超前地规定企业未来营销目标、阶段指标及手段的一套科学的管理方法。营销计划的内容主要有：计划概要、营销状况、机会与威胁分析、拟定营销目标、营销策略、行动方案、预算开支、控制。营销计划是一个完整的、复杂的体系，它既涉及一定的时间、空间，又包括计划的类别、指标、核算、保证和信息的搜集与反馈等问题。

7.5.2 市场营销控制

1. 确定控制对象

（1）确定控制对象，即确定对哪些营销活动进行控制。

（2）最常见的营销控制的对象包括销售收入、销售成本和销售利润三个方面。

（3）在确定控制营销活动的同时还应确定控制的人员。

2. 确定衡量标准

（1）一般情况下，企业的营销目标就可以作为营销控制的衡量标准，如销售额指标、销售增长率、利润率、市场占有率等。

（2）由于各模拟企业的具体情况不同，营销目标不同，营销控制的衡量标准也各不相同。

3. 确定控制标准

（1）所谓控制标准是对衡量标准定量化，即以某种衡量尺度表示控制对象的预期活动范围或可接受的活动范围。

（2）在工商模拟市场实训中，为了激励推销员的工作热情，可实行两个标准：一是基本标准，是必须完成的；二是奖励标准，达到这个标准必须付出较大的努力，因此能获得相应的奖励。

（3）任何标准都不是一成不变的。随着营销环境及企业内部条件的变化，各类标准也应不断修正，以适应新的情况。

4. 确定检查方法

检查的方法有很多种，如直接观察法、统计法、访问法、问卷调查法等等，可根据实际需要选择。模拟企业应注意任何检查都是在一定的频率和范围前提下进行的。

5. 分析偏差原因

发生偏差的原因不外乎两种：一种是实施过程中的问题，这种偏差较容易分析；另一种是计划本身的问题。模拟企业要想确定产生偏差的原因，就必须深入了解情况，占有尽可能多的相关资料，从中找出问题的症结。

6. 采取改正措施

模拟企业应明确提高工作效率是营销控制的最后一个步骤。采取改正措施宜抓紧时间。有的模拟企业在制定计划的同时还提出了应急措施，这在实施过程中，一旦发生偏差可以及时补救。

课后作业

1. 根据本章要求进行本模拟企业的营销调查。
2. 各模拟企业根据自身的实际情况确认营销方案。
3. 看以下案例，分析其可取之处，对不可取或不完善的地方提出改进意见。

附录7A　模拟企业营销管理案例（节选）

模拟企业店名：酸甜屋

成员：黄志洪 陈志伟 王凤兰　曾志彬 李华孙 吴沛文 李俊文

7A.1　问卷调查结果

1. 你曾经参加过工商模拟市场吗？

调查结果如表7A-1和图7A-1所示。

表　7A-1

	有	没有
人数	44	108
比例	29%	71%

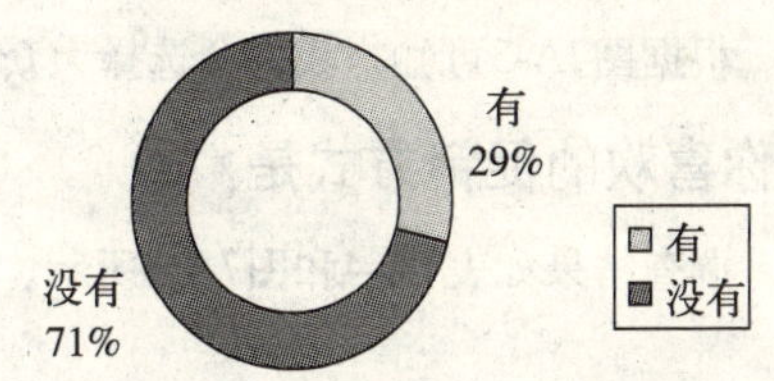

图7A-1　消费者对工商模拟市场的认识程度

根据图7A-1可知，29%的消费者对工商模拟市场有一定的认识，但71%的消费者表示没有参加过工商模拟市场，但他们都表示对工商模拟市场有着很大的兴趣。

2. 以下哪一种购买方式你更为喜欢？

调查结果如表7A-2和图7A-2所示。

表　7A-2

	送货上门	现场购买	发短信订购	打电话订购
人数	48	92	3	3
比例	33%	63%	2%	2%

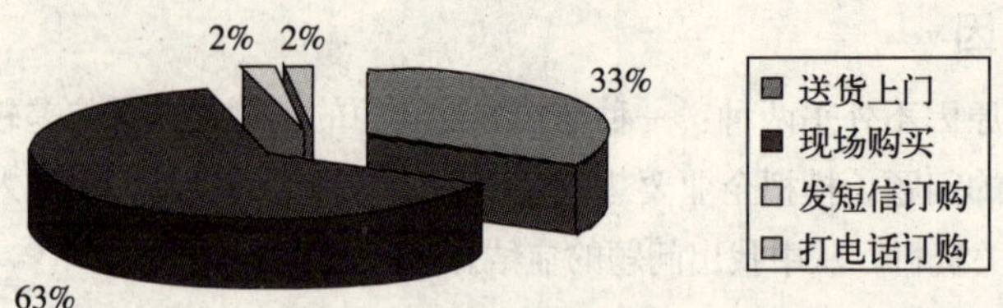

图7A-2 消费者喜欢的购买方式

根据图7A-2可知，63%的消费者喜欢现场购买，但送货上门的也占了33%，所以考虑到方便消费者，我们也会选择送货上门。

3. 请问你过去购买酸的食品的价位一般在以下哪个范围内？

调查结果如表7A-3和图7A-3所示。

表 7A-3

	1～5元	5～10元	10～15元	15元以上
人数	108	39	13	5
比例	65%	24%	8%	3%

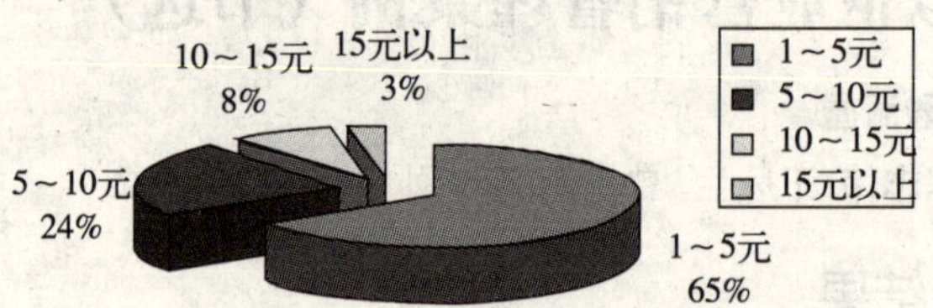

图7A-3 消费者愿意花费的价格范围

根据图7A-3可知，我们会选择大众能够接受的价格1～5元。

4. 你喜欢的促销方式是？

调查结果如表7A-4和图7A-4所示。

表 7A-4

	多买多送	可以讲价的	折扣销售	特别赠品	明码实码
人数	41	46	23	20	25
比例	26%	30%	15%	13%	16%

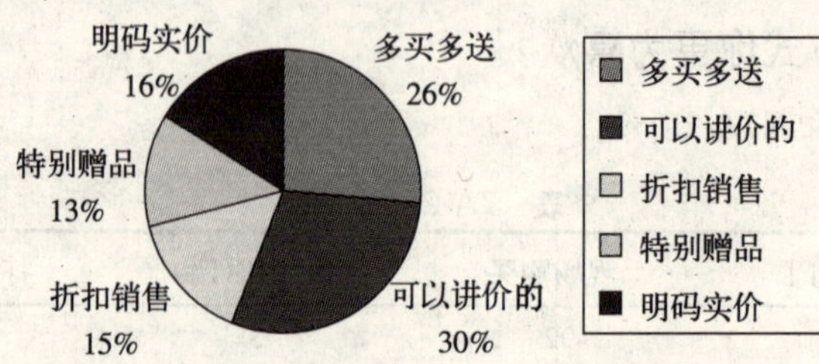

图7A-4 消费者喜欢的促销方式

根据图7A-4可知，我们发现每种促销方式的比例都差不多，我们会选择前两种方式和最后一种：多买多送、可以讲价的和明码实码。

5. 你对于自己喜欢的商品会不会马上购买？

调查结果如表7A-5和图7A-5所示。

表　7A-5

	会	不会
人数	92	74
比例	55%	45%

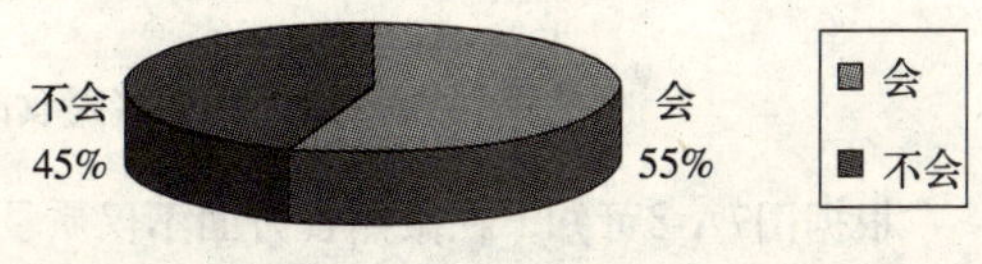

图7A-5　消费者是否会对喜欢的商品产生购买行为

根据图7A-5可知，55%的消费者会马上购买自己喜欢的商品。

6. 你认为铺位的装饰会对你的购买情绪产生影响吗？

调查结果如表7A-6和图7A-6所示。

表　7A-6

	会	不会
人数	124	29
比例	81%	19%

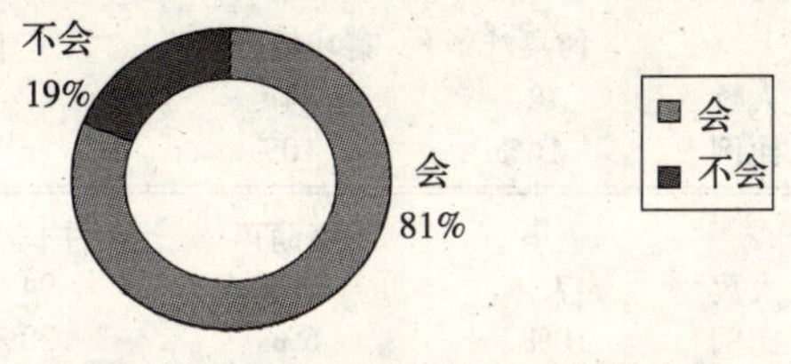

图7A-6　铺位装饰是否会影响消费者的购买动机

根据图7A-6可知，铺位的装饰会影响到消费者的购买欲，所以我们会适当花些心思在装修方面。

7. 你是否愿意多花钱在吃酸甜的食品这一方面？

调查结果如表7A-7和图7A-7所示。

表　7A-7

	愿意	一般	不愿意
人数	25	103	32
比例	16%	64%	20%

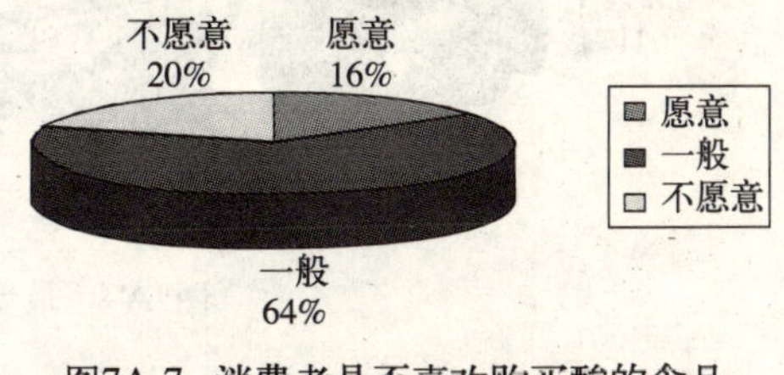

图7A-7　消费者是否喜欢购买酸的食品

根据图7A-7可知，大多数消费者都比较愿意花钱在吃酸甜食物这一方面。

8. 在吃的方面，你认为哪一方面最值得注重？

调查结果如表7A-8和图7A-8所示。

表　7A-8

	价　格	口　味	卫　生	质　量	店铺位置
人数	16	54	88	29	0
比例	9%	29%	46%	16%	0

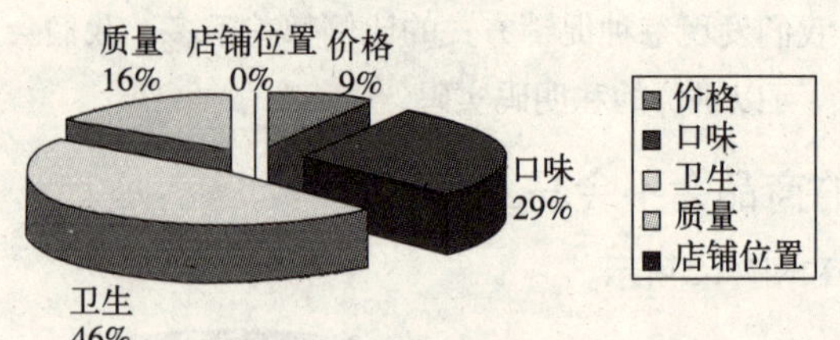

图7A-8 消费者对食品最注重的方面

根据图7A-8可知，在做熟食方面不仅质量和口感重要，在卫生方面也要多加注意。

9. 在以下的食物中，请选出你比较喜欢的几种！

调查结果如表7A-9和图7A-9所示。

表 7A-9

	榨果汁	茶叶鹌鹑蛋	酸的腌制食品（如番石榴、芒果、萝卜等）
人数	72	44	42
比例	16%	10%	9%

	鱼串	冰糖葫芦	牛肉干	猪肉干	鱿鱼丝	其他
人数	47	26	94	53	75	9
比例	10%	6%	20%	11%	16%	2%

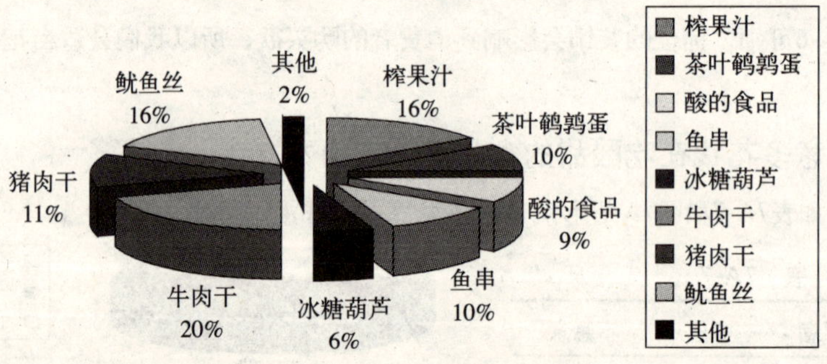

图7A-9 最受欢迎的食品

根据图7A-9可知，牛肉干、鱿鱼丝、榨果汁、鱼串和酸的腌制食品是消费者比较喜欢的。

10. 如果吃过后觉得很好吃，你还会回头买我们食物吗？

调查结果如表7A-10和图7A-10所示。

表 7A-10

	会	不会
人数	146	11
比例	93%	7%

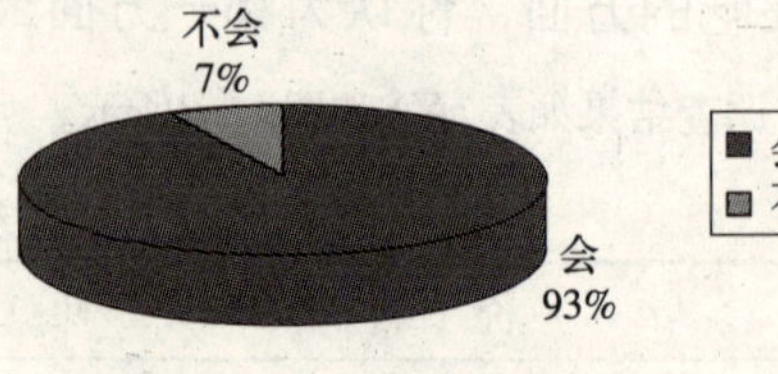

图7A-10 商品受欢迎程度

根据图7A-10可知，消费者还是比较喜欢我们的商品的。

以上调查数据表明，在众多商品中，消费者最感兴趣的商品是食物。有64%的消费者愿意在酸甜食品和零食方面多消费，而且调查结果表明店铺的位置不会影响到消费者的购买欲，由此可知经营酸甜食品有一定的发展空间。而大部分消费者会选择在傍晚时分或者晚上购物，因为，我们主要的经营时间会选择在傍晚时分以后。数据得出有63%的消费者会选择现场购买，而送货上门的占33%，为了扩大市场，吸引更多的消费者，我们会选择这两种销售方式。另外，店铺的装饰、卫生，食物的价格、口味、质量都会对消费者构成一定的影响力，尽管差别不大，但是显著，我们会从这些方面入手，做到物美价廉。

7A.2　竞争分析

我们从以往七届工商模拟市场得知，食品是最受广大师生青睐的，而且获取的利润也是最大的。在食品之中，不论是哪一届的工商模拟市场，经营熟食这一方面的人占整个工商模拟市场之最，但经营酸甜食品的商铺少之又少，我们在校内外调查时都发现，消费者在逛街购物时都喜欢在路边购买这一类的食品，所以我们决定在工商模拟市场经营酸甜食品。当然学校里也有经营酸甜食店，但是根据我们分析学校这些店铺所卖的价格都比我们的价格贵，而且在工商模拟市场期间消费者都喜欢凑热闹，会将目光转移到工商模拟市场上，所以学校的商铺这一竞争对手我们可以忽略。

目前我们只考虑在工商模拟市场经营酸甜食品和熟食的竞争对手。就我们现在所知，经营酸甜食品的除了我们就只有另外一档，我们会在价格和种类这两方面入手，进一些消费者平时比较喜欢吃但又少见的货，我们还会进一些饮料等。而经营熟食的店铺多，我们想要在众多的竞争对手中脱颖而出，就要做到价优质高，品种多样，服务至上等。

7A.3　市场营销策略组合

1. 产品竞争策略

人们通常是按传统的生产观点来理解产品的，即产品是指一种具有某种特定物质形状和用途的物体。由此选择的产品竞争策略主要考虑产品的质量、创新、特色等。另外，我们还会从产品的样式、商标、包装等方面着手。

2. 价格竞争策略

价格是决定顾客购买的重要因素。企业产品的价格能否被消费者接受，直接影响产品的销售量和产品在整个市场的份额，进而影响产品的竞争力。在市场竞争激烈时，企业为了维持和提高产品的竞争力，以低价策略吸引消费者，在某种意义上说是一种可行和有效的竞争策略。

但是，低价策略也并非灵丹妙药，并非总是可行和有效。首先，对于企业经营而言，追求利润是市场经济的法则。产品价格的下跌，并非总能保证企业销售收入和利润的增加。根据经济学原理，只有那些需求价格弹性大的商品，才能保证价格降低使销售收入增加。而利润是否能增加，不仅仅取决于销售收入的增加，还取决于增加产品供给所带来的成本的增加。所以，是否采取降价策略以及降价幅度的大小，取决于企业对自己产品的性质（需求弹性的大小）。其次，对于消费者而言，随着消费者理性购买意识的逐步增强，他们所追求的已不再是传统意义上的价廉商品，而更多的是追求高质量和售中及售后的优质服务，同时是低价格的商品。

3. 促销宣传竞争策略

企业向消费者宣传产品的特征、优势和给消费者带来的利益，唤起需求、诱导购买兴趣，刺激产生购买行为，以实现市场竞争中取胜的策略，称为促销宣传策略。促销是通过信息传递手段，将企业及产品的信息传递给顾客。利用广告、产品、展销会、订货会、代销、试销等传播方式来达到竞争取胜的目的。

4. 以服务为中心的竞争策略

在经历了价格、品质、广告、促销等方面烽火连绵、持续鏖战之后，又拉开了服务竞争的序幕。但如果没有良好的品质、相对适中的价格、不借助任何促销途径，也很难拓宽市场。在此，我们提出“价廉物美”的真正含义，即“优良的产品、周到的服务、合理的价格”。企业只有树立为顾客服务的意识，以为顾客服务为中心，各种竞争策略相互配合，伺机采用有利于市场环境的竞争策略，推出“价廉物美”的产品，才能取胜于消费者市场。同时，以为顾客服务为中心的组合竞争策略，不仅是为了接近顾客，更好地为其服务，而且也是为了与顾客沟通，接受顾客的反馈意见，改进产品，以利于市场的竞争。

7A.4 销售策略

（1）根据上一届工商模拟市场的情况得知，较多的经营主因为价格都定得比较高，导致消费者不愿多消费。所以结合企业预期的利润收益,结合市场对酸甜的食品的需求量和成本费用，来确定产品的价格策略。

（2）用品牌战略开发市场，在市场经济条件下，品牌就是价值，品牌是龙头企业发展壮大的一个关键因素，也是提高企业竞争力的主要手段。品牌战略的重要在于创新市场机制，关注消费者的反应。

（3）实行薄利多销、买三送一等策略。

7A.5 风险预测

以食品为主的企业，在每天结束后可能会出现剩余的情况。但由于我们销售的是瓶装的酸食品和沙拉类的食品，不会因食物存放的时间期限而变质；而且工商模拟市场只是短短一周，总体来讲，我们是没有风险的。在进货方面我们会适当控制，确保每日的食品新鲜上市！对于卖剩的食品分给每位股东食用，或者临收铺前大特卖，但我们会尽量避免出现这种情况。

第 8 章

服务顾客技巧

学习目标

1. 了解顾客服务在工商模拟市场实训中的重要作用。
2. 学会分析顾客类型和顾客购买心理。
3. 掌握顾客服务的基本技巧。
4. 能够与不同类型的顾客进行有效沟通。

如何做好顾客服务是工商模拟市场实训中的一个重要环节，因为高质量的顾客服务是保证你经营顺利的基础，也是给你带来丰厚利润的前提。如果通过实训让你掌握了良好的顾客服务技巧，无论你将来从事哪一行业的工作，你都会有足够的信心，因为你已具备了如何与人沟通、与人相处以及解决人际关系问题的能力。若要做好顾客服务，你需要从以下几个方面入手。

8.1 店员礼仪

店铺经营特别讲究格调高雅，气氛和谐，所以店员的礼仪十分重要。因为店员是店铺的形象代表，店员的形象决定了店铺的形象，给顾客一个好的印象，可使顾客心情愉快地购物。从这个意义上看，店员在成为一个推销高手之前，首先必须是一个合格的礼仪人员。

8.1.1 保持清洁、有活力的仪容

市场的主角是顾客。所以，同学们在实训时不是像平时那样去向他人展示自己的优

秀，而是要让顾客感觉到自己的热诚。不要令顾客感到不愉快，设法获取其好感是一切之基础。实训时出入每一个店铺的客人很多，同学们若能在仪容上用点心思，让更多的人都接受是最好不过的了。说到仪容，最基本的是清洁，看上去要给人一种干净的感觉，包括头发要梳理整齐，衣服要整洁合体。

（1）着装的合宜。店铺的店员一般应有统一的着装，要求店员工作时，必须穿戴统一的制服，这样容易给人一种正式、整齐、专业的感觉。若一个模拟企业在实训时也能根据销售商品的特点统一着装，便会给人耳目一新的感觉。

（2）仪容是与商店的形象配合的。销售人员是商店的一部分，也是重要的一部分，客人往往经由销售人员来判断商店的内在表现。服装能合宜，并与商店气氛一致，不但令人自在，也使自己有自信。先要让对方接受，才能发挥自己个性。

8.1.2 待客的基本用语

面对顾客进行商品销售时常用的语句称为待客基本用语。例如：欢迎光临、好的、请您稍候、让您久等了、谢谢、欢迎再来、不好意思、抱歉等等。首先，要习惯让声音洪亮、开朗、自然；其次是要用心去表达。客人踏进你的店时，店员对他说的第一句话是“欢迎光临”。说话时要面带微笑，表示出对顾客光临的一种真诚的欢迎态度。总之，说每一句话都要语调客气，诚心诚意。语言虽然看不见，却具有色泽、质感与温度。“欢迎光临”像是热烘烘的红色，“谢谢”是温暖的橘色。所以，请让你的颜色更温暖。就算进店的顾客什么也没买，也要记得对他说这两句话，期待他下次光临。

8.1.3 清爽、干脆的基本姿势

问候除了言语外，还要有相应的动作配合。正确的轻度鞠躬或点头致意看上去很优雅动人，令人赏心悦目。要有优雅的鞠躬或点头致意，首先要有正确的站姿。身体首先要站正、背要站直，脸向前方，下颚轻轻向内缩，但不可过度内缩，否则会有身体颓丧的感觉，也不可以太上扬，这样会给人傲慢、自以为是的印象。胸部要挺直，不可以驼背，左右两肩要放平，放松肩部的力量。两手自然贴身，指尖放松，五指自然合拢。脚跟合拢，脚尖呈现V字型、45度的角度张开。全身重心不能放在脚跟，应该放在脚拇趾附近。最后就是为自己找出一个最亲切、优雅的笑容。

8.2 顾客类型的分析和对策

在工商模拟市场实训中，当顾客走进你的店中，你要学会观察并能够分析不同的顾客类型，这样才能有的放矢地进行客户服务。

8.2.1 顾客的不同类型

一般来说，就心理层面来看，入店的顾客大致可分为三种类型：

1. 纯粹闲逛型

由于我们的模拟市场开在学校，开放的时间主要在下午四点半以后，大部分学生都没有课，都会走出宿舍或教室来工商模拟市场转一转。因而有不少顾客只是抱着进来看一看，满足一下好奇心。目的可能是打发一下时间，而没有购物的念头。

2. 一见钟情型

这类顾客入店的最初动机，可能只是闲逛，但是一旦遇到心仪已久的商品，就会掏腰包购买，此刻，店员应找出最适合接近的时机，千万不能错过机会。事实上，在我们工商模拟市场开业期间，这类的顾客占了很大比例。

3. 胸有成竹型

这类顾客在进店前，通常已在心中列好购物清单，采购内容及预算都一清二楚。因此，这类顾客入店后，大都表现得神闲气定，不太可能有冲动购买的行为。这时店员要保持一定距离，必要时才向他做一定的说明，但不要有太多的游说之词，也不要紧紧跟在后面以免引起顾客的反感。

8.2.2　接近顾客的技巧

在实训过程中，应充分了解上述三种类型的顾客在来客总数中各占多少比例。对于第一、第二类型的顾客应如何把握是值得学习的课题。当然，第三种类型的顾客是最受欢迎的，如何增加第三种类型的顾客的来客数，是商品经营的一个目标。

1. 适当的招呼

有人说：“招呼成功的话，便等于销售成功了一半。”事实上招呼成功的话，后面的工作就进行较顺利；反之失败的话，接下来的应答就困难得多。那么选择何时、如何开口招呼比较合适呢？根据消费者心理，消费者在购买动机的驱使下步入店中，从对商品选择、评价到决定购买，在心理上要经历八个阶段：

(1) 观察阶段；
(2) 兴趣阶段；
(3) 联想阶段；
(4) 欲望阶段；
(5) 评价阶段；
(6) 信心阶段；
(7) 行动阶段；
(8) 感受阶段。

招呼客人最好的时机，就在这八个阶段中，以顾客的心理位于“兴趣”至“联想”的阶段之间最为理想。所以，在顾客的心里从“兴趣”转变成“联想”之间，若能适时适当地予以招呼，可轻易抓住客人的心，并引导购买。不过，我们并非心理学家，不可能正确地看穿顾客的心理状态。所以我们不妨持相反的立场，先观察客人的态度与动作，再来联想其心理状态是否居于“兴趣”与“联想”之间，这样可能是较好的方法。

2. 接近顾客时机

在工商模拟市场实训期间，必须随时注意有无顾客光临，不仅要有整体的概念，而且还要对顾客进行个别观察，确定该做何种方式的推销。但是，什么时候接近客人比较好呢？机会的把握非常关键，可以说是失之毫厘，谬之千里。假如接近得太早，客人还没决定要买，可能会产生“被强迫推销”的感觉惊慌而去；太慢的话，会让买者产生不了购买欲望。具体来说，如有以下六点就是接近顾客的机会：

（1）当顾客注视特定商品时。当顾客比较长时间注意某一商品时，说明他对这种商品产生了兴趣，并很快可以将心理过程过渡到联想阶段。

（2）顾客手触商品时，就是对此商品产生兴趣，并且加以确定自己是否需要此种商品，此时正是接近顾客、询问顾客的好时机。

（3）顾客表现出寻找商品的状态时。此时店员应当机立断，赶忙过去和他作初步接触，最好问“您需要什么”、“欢迎光临”。

（4）顾客停下脚步时。此时是接近顾客的第四个机会，这时，一定是有某种商品在吸引顾客视线。

（5）当顾客和店员的视线相遇，此时店员应点头微笑，或说“欢迎光临”、“早上好”等问候词。

（6）同伴交谈商品时，此时店员接近顾客，进行适当说明与建议，也容易产生效果。

3. 接近顾客最好面对面

工商模拟市场实训中，当你接近顾客时动作要自然，同时要注意接近顾客的角度，最好能与顾客面对面，并能兼顾到商品。据有关的统计资料显示，如把店员与顾客面对面的交易效果定为100的话，则45度角的效果仅达30，而与顾客并排的效果是最差的。在预备接近顾客时，千万不要过于唐突或无礼，以免把顾客吓跑了。必要时，不妨给顾客一些动作暗示，你可乘机整理一下附近凌乱的商品，再伺机与之搭讪，试探其购买欲望为何。

8.3 分析顾客购买心理

工商模拟市场虽然只是面向实训同学所在学校的师生，但所有这些顾客也是各有各的特点，各有各的习惯，各有各的具体情况，他们的购买心理可能各不一样。男性的消费心理同女性不一样；年老的同年少的购买心理不一样；讲究实惠的同讲究时髦的购买心理不一样；热衷于大众化的同讲究个性的购买心理也不一样。要想使消费者买你的东西，还得仔仔细细分析“顾客”们的购买心理。一般情况下学校师生这些顾客的购买心理主要有下述几种类型，各种类型都对应一定的目标顾客群。

8.3.1 求美心理

这类师生在选购商品时往往不以使用价值为宗旨，而是注重商品的品质和个性，强调它的艺术美，其动机的核心是讲究“装饰”和“漂亮”。他们不仅关注商品的价格、性能、质量、服务等价值，而且也关注商品的包装、款式、颜色、造型等价值。

8.3.2 求实心理

这类师生在选购商品时不过分强调商品的美观悦目；而是以朴实耐用为主，其购买动机的核心就是实用和实惠。如果你销售的商品是他们工作、学习、生活中非常需要的，而且价格实惠，一定会赢得许多消费者的青睐。

8.3.3 求名心理

这类师生在选购商品时，有时特别重视商品的品牌和象征意义。商品要名贵，牌子要响亮，以此来显示自己的品味或炫耀自己的购买能力。其购物动机的核心是“炫耀”，同时他们对名牌有一种安全感和依赖感。对于我们面对的这个市场来讲，这样的顾客数量可能不会很多，但这些顾客的购买力不容忽视。

8.3.4 求新心理

这类师生在选购商品时重视商品的款式和眼下的流行样式，追逐新潮，对于商品是否经久耐用，价格是否合理则不太考虑。这种购买动机的核心是时髦和奇特。

8.3.5 求廉心理

这类师生在选购商品时，特别计较商品的价格，喜欢物美价廉或削价处理的商品。其购物动机的核心是便宜。

8.3.6 从众心理

一些女性在购买时容易受到别人的影响。如看到他人正在抢购某种商品，她们便可能加入所抢购的行列。她们平常总是留心观察周围人的穿着打扮，喜欢打听别人所购物的信息，而产生模仿心理与暗示心理。女性容易接受别人的劝说，别人说好，就很可能下定决心购买，别人若说不好，她很可能就放弃。

8.3.7 情感心理

一般来说，女性比男性具有更强的情感性，因此，女性的购买行为容易受直观感觉和情感的影响。如清新的广告，鲜艳的包装，新颖的式样，感人的气氛等，都能引起女性的好奇，激起她们的强烈购买欲望。

8.4 向顾客推荐商品

向顾客推荐商品是我们在实训过程中必有的一个过程。向顾客推荐商品有两个目的：

一是帮助举棋不定的客人做出购买的决断；另一是借着推荐来提高每位客人购买金额。在实训过程中你会发现因为竞争过于激烈而无法期望不断增加客人数目，所以利用推荐商品的技巧提高每位客人的购买金额显得很重要。如下所示，营业额是由每位顾客购买金额和顾客总数两个要素所构成的，即：营业额＝每位客人购买金额×客人总数。

8.4.1 进行商品展示

在工商模拟市场实训中你会发现顾客在挑选商品时会花费许多时间，这也正是购物中的乐趣。可是在其难以取舍而犹豫不定的时候，也就是店员发挥推销技巧、促成客人决定购买的机会。这种情况下，时机和措辞的选择相当重要，其目的是为了让客人决定购买。知道客人的来意之后，接着就是把商品拿出来给客人来看，即为商品展示。商品展示可分成两种情况：一种为接受客人“可不可以拿出来看”的要求，把商品从展示柜中拿出来给他看；另一种为招呼过后，店员主动将商品拿给客人看。商品展示的目的是让顾客了解商品，激发顾客对商品的兴趣，使顾客产生购买的冲动。商品展示的几项具体原则如下：

（1）对于精品、饰品，可着重将式样、花式、色彩等展示出来，或打开来让客人披在身上，使其在镜前比比看，这是将使用状态呈现出来的很好方法。

（2）对娱乐性用品等，可接上电源，可能的话就让客人自己操作。因为不知道客人买不买，怕麻烦或是怕被弄脏、零件弄丢而只肯放在盒内让客人看，甚至让客人隔着玻璃看，都是最不明智的做法。

（3）对于MP3等类商品，要着重把其特有的功能结构展示出来，并让顾客试听，感受其效果。

8.4.2 对顾客进行诱导劝说

在向顾客展示完商品后还需对顾客进行诱导劝说。同学们在实训过程中接待顾客时，就应细致地观察顾客的感知反应，揣摩顾客心理活动状态，进行诱导劝说，力求满足消费者的主导动机，影响顾客对商品的倾向性，增强购买欲望。

（1）根据顾客对商品不满意的地方加以委婉地诱导说服有两个方法：一种是勇于承认商品的缺点，但要对商品的总体价值进行说明，让顾客做出权衡，这对比较固执的顾客比较有效；还有一种就是使顾客对自己不想购买的理由产生动摇，这对那些没有太多主意的顾客非常有效。

（2）抓住要领，推荐连带性或代用性商品，给予顾客更多思考的机会。

（3）从商品的命名、商标、包装、造型、维修、价格等方面适当地揭示某种迎合顾客心理的有关寓意和象征，增加商品的魅力，丰富顾客对商品各方面的联想，帮助顾客确立购买信心，促成成交。

在工商模拟市场实训中你会发现，推销的技巧，对提高每位客人的购买金额是一种很有效的手段。推销的技巧在激烈的市场竞争中，是企业扩大营业额、创造更大商业利润所不可缺少的。在推销过程中并非旁无所顾地进行，推销的时机和技巧十分重要。称职的销售人员，一面拿出客人所指定的商品给客人看，另一方面又能根据指定的商品及顾客的年龄、服装来判断推测客人的喜好，然后取出金额较高的东西，很自然地向客人推荐说："这些也很适合您"、"这些很受欢迎"。如此下来，如果引起客人的兴趣，便可以趁热打铁地再向客人进言，再说一说关联商品的推荐。当客人买好最先认定的商品之后，不要忘记向客人推荐其他相关的商品。比方买了盆花的客人，可建议他们再买些花肥；买了MP3的客人，可建议他买些电池，等等。这种方法对卖食品的店铺也很实用。利用这种方法建议客人多买几样东西，就可以提高每位客人的购买金额。

8.5 如何与不同的顾客沟通

在实训过程中你会发现有很多顾客他们会找出各种各样的理由作为借口而不买你的东西。你千万不要被这些理由所吓倒，其实只要你用心地去与他们沟通，相信会有不少顾客会由潜在的顾客变为现实的顾客。

8.5.1 与"我要走了"的顾客沟通

这些顾客大多数是一些老手，特别不好对付。如果推销员不答应他的条件，他就会说"我要走了"的话，以此对店员施加压力。他认为这样施加压力后，店员会答应他的条件。对于这类顾客不能太过让步。因为你让步，他就会抓住你的弱点，使你吃一个大亏。对于他们应该据理相争，但也要给他一个台阶，让他从不买这个台上下来。这就要求对这类顾客有礼貌，用话把他说服。建议你所应用的话有：

"这位同学，要走了，别明天来了后悔呀，到明天，或许价格就涨了呢，你没看见这几天货是一天比一天价格高吗？再说我这商品又不错，您也喜欢，何必走呢，来，咱们好好商谈一下，怎么样？"

"老师，别忙着走，再好好看看，若真喜欢我建议您就买下吧！到明天您再来可能就没了，我们这个商品很畅销的，您看怎么样？我帮您拿一个再看看？"

……

8.5.2 与"没有主见"的顾客沟通

这类顾客相对来说为数不少，也比较好对付，千万别错过机会。因为他们做什么事都没什么主见，经常依赖别人，依赖他所信任的人。他们总把自己当做一个小孩看待，每做一件事，都要和家里人商量，或与他所熟悉的人、信任的人商量。根据这一点，你可耐心地先和他们聊天，也就是先取得他们的信任，最后再询问他们"要不要"。这样就埋下了"信任"的伏笔。如果你对于这类顾客来说是有主见的、可信任的人，他们往往会听从你的意见，这样成交就可能了。

可以这样对顾客说："同学，这些商品就在您眼前，你又觉得很满意，为什么要和别人商量呢？难道别人比你更加清楚这个商品是否适合你吗？以我之见，您就该相信自己，你觉得怎么样？"

"这位同学，不要总是听从别人的建议，要自己去做，做一个独立的人，这对于你走入社会是很有用处的。天有不测风云，人有旦夕祸福。假如你某一天到了一个没有一个熟人的地方，您就不办事了？所以，我觉得你应该自己决定买不买，何必听别人的呢。"

……

8.5.3 与"现在不买"的顾客沟通

当你面对这样的顾客时要知道一般情况是对于销售人员或对所推销的商品有一种不信任的思想。当你问他时，他就借现在不买来推托。但是，他却不急着走，还会对商品左顾右看，并且会倾听别的顾客的谈论。这种顾客是在思考这种商品的可信度。不过如果你在实训过程中不加以注意，不接近他的话，这样就会损失一次成交机会。这样之后，顾客即使想买也不好意思再开口。这时你就应该给顾客一个台阶，一次开口的机会，同时也是给双方一次交易的机会。只要你在实训中处理得当，这类顾客成交率还是很高的。这类顾客还有一种可能是自己心里有一点疑虑，也就是有一个不购买的理由没有解决。迫于你的发问，就只好随口说声现在不买了。对这种情况，你应当探询他的理由，只要顾客肯说出理由，你想办法去解决之后，交易就很可能顺利达成了。

对于这样的顾客，你可以这样说："这位同学，您现在不买，是不是有所顾虑？这样好了，您就去外面转一圈，看看我们的商品是不是物美价廉，如果你觉得我说得没错，我们就等你回来好吗？"

"老师，您是不是觉得我们商品有什么问题，如果有什么意见，您提出来，让我给你解决。这样，您现在就可买下我们的商品，省得卖没了您就错过机会了，您觉得如何？"

这样一问后，顾客即使有什么疑虑或有什么相反的意见，一定会告诉你，你给他解决后，成交可能性就大了。

8.5.4 与"还没决定"的顾客沟通

这类顾客也是一种有顾虑的顾客。他们一定有一些不购买的理由还没有被销售人员解决，或者是这种商品对于顾客来说是可要可不要的，顾客自己还在犹豫不决。对付这种顾客的关键是劝其说出他自己不购买的理由。这就需要一些技巧和诚恳的态度了。还有就是给他吃一颗定心丸，然后劝其购买，要尽量对顾客说些使他感到需要的优点。这样有利于成交。让顾客说出理由的方法有两条途径：一条是一点一点试探性地询问；另一条则是让其觉得你可靠、可信任，自己把不购买的理由说出来。只要知道了他们的理由，这交易就可按一般步骤来做。

对于第一条途径，可这样说：

“这位同学，你现在没决定购买我的商品，是不是对我的商品有什么顾虑，是觉得我的商品质量差呢，还是觉得包装不适合你的口味，或是你的钱没带够，或是这些商品你觉得你可要可不要，是哪一条呢？”

这样一问，顾客为阻止你继续问下去，就会把自己的真正理由说出来，这样你就可以为其解决，使交易顺利进行。

对于第二条途径，可以这样说：

“这位同学，实话告诉你吧？我这商品是从××公司批发的，存货不多，到现在已经快售完了，您还是快点决定吧！如果您有什么别的理由的话，您就快点告诉我，让我给你解决，您看这样如何？”

顾客听完你这些话，也许会对你产生信任感，你就可乘虚而入。

8.5.5 与“到别处看看再说”的顾客沟通

这类顾客总不想吃亏，或因吃亏多了产生一种恐惧心理。他们总想多挑选几次，总认为货比三家不吃亏。他们情愿跑断腿，只为挑好货，可是他们总能挑出商品的问题来。因为他们疑心太重，对于销售人员不信任，于是销售人员对他们也不会太好，因为这些顾客伤了销售人员的自尊心。对于这类顾客，可给他制造玄机，使之束手无策，然后听任你摆布；或者给他制造迷雾，使他辨不清东西，以促成他说出的话收不回去。这两种方法都可以，都能使顾客下决心购买你的商品。你可这样说：

“同学，您别去那边了，那边没有这样的商品，别错过时机，我一会儿就卖完了。现在你觉得我的商品很合你的意，且价格又适合，去那边也相差不多，如没有，不成两头空吗？何苦为不存在的东西而东奔西跑呢？”

“同学，顾客对于自己的钱都有使用专权，都希望用最少的钱购买最好的商品。而对于销售人员来说则是尽量以最好的价格出手，但又要适合顾客的口味，所以没有一个推销员会将好的商品以低价出售的。我们的工商模拟市场就这么大，我们也做了充分的调查，哪敢高价销售啊！在外边市场你可“货比三家”，但在我们这样一个小市场，我担心你比来比去会失去机会的？不过这只是我们的建议，你也可再去其他店铺转一转。”

……

8.5.6 与“已经买过该商品”的顾客沟通

这类顾客一般都特别喜欢你所销售的这类商品，可是他已经在其他店铺买过了，而且感觉你店中的商品比他买的要好或价钱便宜。因而他会表现出对买过的商品不太满意，还常常看着你的商品不走。你在应付这些顾客时应抓住他喜欢你的商品这一点，让顾客知道买你的商品不吃亏。同时，再给他重新购买商品的一个解决办法，如送人，或者再多买也不会影响什么，这样交易就成功了。

你可以这样说：

“这位同学，您买过了是不错，但是呢，你买的不是我的商品，何况我们的商品物美价廉，你满意，也喜欢，你可以买下我们的商品，把原来买的那个当做一份礼物送给您的亲戚朋友，而我这个则留给自己用，这不是挺好吗，你感觉如何？”

“这位同学，您既然喜欢我的商品，这种商品多一些、少一些，也不会有什么问题，您就把它买下吧！”

8.5.7 与“觉得价格高”的顾客沟通

这样的顾客很常见，一般都是花钱谨慎或较为清贫的人，但也不乏认为你们的商品不值所要价格的人。对于前者他们仅想买一些价格低，很实惠，并不需要包装好的商品。而对于后者你可问他为什么不买别处低价的商品，告诉他一分价钱一分货，价格高买好货，因而可以这样应付：

“同学，你说我们的商品价格高，那么哪儿有比这还低的价格，即使价格比我这里低，他的商品有我这儿的好吗？同学，好价买好货，不要以低价买了一些次品，用不了几天就坏了，千万要慎重。你既然喜欢我们的商品，我们商品质量绝对有保证，价格也不算太高，也就可以啦，你说是不是？”

“同学，您用自己的钱总要买好货，但我们这里的货确实不错。您现在不买过几天工商模拟市场结束了你就买不到了。你若到外边市场去买，他们的价格肯定会比我们的高。我们是实训，谁也不指望赚多少钱，价格真得不算高，你再想想好吗？”

“同学，您觉得我们这儿的价格高，您可以去别处看一看，比较一下价格，也比较一下商品，我想你一定会返回来的。要不你先去看一看！我们等你回来！”

……

8.5.8 与“买不起”的顾客沟通

这类顾客可分为两类：一是真得没能力，真得买不起；二是有能力而觉得价格高，说一种反话。

对于第一种顾客，你可以这样解决。鼓励他随着工作的改善、生活水平的提高以后会有能力买的。千万不要歧视他，否则你会失去一个潜在的顾客。你的友好会感染他，他会介绍有能力的朋友来买，甚至他真得非常喜欢还有可能借钱来买。

对于第二种顾客的解决方法类似于上面的认为价格高的顾客，只不过说时要以买不起为基础，实质是以价格高的内容来说服顾客买你的商品。你可以这样说：

“这位同学，我非常理解你的处境，我刚上大学时也是这个样子，管理不好自己的钱，还没到月底父母给的钱就花得差不多了。不过这次机会难得，你也来过好几次了，我们的商品真得是质优价廉，过几天我们模拟市场结束你可能就错过你最喜欢的东西了，你可以考虑先和同学们借点钱。”

"这位同学，你真会说笑话，看你的气质、你的穿着一定是个家境不错的人，怎么可能买不起呢？这个商品价格是高了点，但它确实质量好，又是刚上市的商品，其实我看这个商品挺高贵的，与你的气质特别吻合。"

……

8.5.9 与"让我考虑一下"的顾客沟通

"让我考虑一下吧！"或"我要考虑一下，明天再来吧！"听到顾客的这种说法，对于刚开始实训的同学还会暗自高兴，认为生意差不多要成功了，连忙高高兴兴地告辞。等到明天常常见不到那个人的身影。其实这不能怪顾客，人家早已有了暗示，只是我们一味地打着自己的如意算盘，没有在意罢了。所以做生意不可太天真，俗话说"趁热打铁"，这里是同样的道理。当顾客说"让我考虑一下"时，表示他已经有了拒绝的意思，即使是在交谈当中无意说出来的，也表明他在动摇。在这种拒绝念头刚萌芽的时候，应该快刀斩乱麻，千万不要就此将话头打住，否则时间一拖，生意就做不成了。你可这样与他沟通："请原谅我不太会讲话，一定有什么地方没说明白，不然您就不至于说要考虑了。能不能把你所要考虑的事情让我知道一下呢？"对此态度必须认真，此点很重要。售出商品只是谈生意的最后一环，也是最简单的一环，最难的是要让顾客希望购买你的东西。换句话说，首先要使顾客愿意倾听你的说明，看看商品，进而动手试一试，认识商品的价值，再考虑自己的条件，以便做出购买的决定。说了刚才的话，再看看他（她）是怎样回答，如果态度比较冷淡，就应该继续进言，增强他购买的欲望。

8.5.10 与"究竟该不该买"的顾客沟通

对于这类顾客我们先要顺着顾客的意思，一步步地用肯定的语气向决定购买的方向进行引导。同犹豫不决的顾客做生意，一般要多花很多时间。有一点你必须清楚，生意做不成，责任永远不在顾客。有些同学缺乏判断力，需要有人从旁鼓励，帮他做决断。当你遇到这样的顾客时，可采用师兄、师姐指导晚辈的方法，一一指点说明。在这个过程中，可以让你学习引导别人的技巧，因而碰到这样的机会不可放过。

一般来说，顾客的犹豫不决和年龄没太大关系，有些人从来就不知道该如何处理事情才好，到了该做决定的时候就举棋不定，显出一副迷茫的样子，尤其是在买东西时更加显著。我们时常可以在商店里看到这种人在跟朋友商量，或手里拿着两三件东西，不知该如何取舍。其实这种人最希望能有人帮他做出决定。这时你可以用充满自信的态度和言语，拿出他信服的理由来帮他做出决定。对于犹豫不决的顾客，你千万不能催问他："你觉得哪种比较好？"这样越问让他越糊涂，倒不如看他的神情，想办法适时给予诱导性的建议，引导决定的方向。要顺着顾客的意思，用肯定的语气一步步向购买的方向诱导。在此，有一个非常重要的问题一定要注意，当看到顾客显露出犹豫不决的样子时，绝对不要重复你说过的话。

8.6 重视顾客的抱怨

8.6.1 常见抱怨的处理

如果你选择了销售这一职业，顾客的抱怨是你必须要面对、必须要承受、必须要重视和解决的。有时候你自认已经尽力做好一切了，但顾客仍然会来抱怨。遇到这样的情况你首先要反思你是否有哪些方面没有做好或需要改善。工商模拟市场实训为你提供了一个如何面对和解决顾客抱怨的机会。

1. 寻找顾客抱怨的原因

（1）在商品进货、陈列或顾客购买时，虽然已经做过确认，也难免把不合格的商品卖给顾客，或将商品的价格弄错。

（2）清洗的方式或保存方法上应特别注意，不能因一时疏忽而忘了向顾客说明，以至于顾客在不知情的状况下损坏商品。

（3）有时也会碰到确实不讲理的客人，你有时也会意气用事。

2. 真诚对待顾客的抱怨

由于销售是一项靠人去做的工作，所以不可能完美无缺，虽然自己已经很努力了，顾客有时还会抱怨，这时只能用最大的诚意去对待他们。诉说满意的顾客一般不是很多，而这正表明他们对商品和你的期望很高。只有觉得失望时，顾客才会抱怨。有人常说“一个抱怨客人的背后通常有30个沉默的客人”。因为大部分客人只会在心中默默地想：“算了，以后不再到那家店去购物了。”优点往往只会慢慢传开，但缺点却是立刻就传遍各处。因此，客人愿意告诉你们商品或服务的缺点，可以使你因此而改进。所以对商品和服务而言，这是一项非常重要的情报来源。处理顾客抱怨的问题首要的是向顾客致歉，而且应该是无条件的致歉，很多商家遵循“顾客永远是对的”的销售理念。

当了解顾客是为哪些事情抱怨之后，应立即采取处理。如果你没有经验而无从判断应该怎么处理，你应与你们的团队进行商议，将事情原委、抱怨重点表述清楚，以避免让顾客再重述一遍。如果依然不能马上解决，应向顾客说明并请顾客留下联系地址，你们尽快将有关情况通知顾客或找机会上门拜访。

从处理抱怨时起到问题获得解决的最后一刻为止，都要诚心诚意去处理。如果客人能够表示理解，感到满意而回报你一个开朗的笑容，你真的就是高人一筹了。而且，往往在这个顾客的传播之下，你会因此获得更多爱护你的客人。

8.6.2 如何面对缺货时的抱怨

当顾客走进你的店铺，指定要买某商品，但该产品正好缺货，顾客可能会抱怨：“你们的商品这么不齐全呀！”如果你只是说：“对不起，这种商品卖完了。”便会使顾客觉得不够亲切。但如果你说：“很抱歉，刚好卖完，但我会立刻向批发商进货，明天一定会有。”

顾客就会比较满意，心里也舒服多了。当然如果条件允许，应尽可能保证说到做到。

如果你换一种方式说："我们这里没有了，但某商店或许有。"把顾客介绍到附近的商店，或为顾客打电话查询，那么顾客一定会觉得"这家商店真亲切。"这样，不但不会由于缺货而惹恼顾客，反而提高了自己店铺的信誉，也会改善同行之间的关系。

现实生活中，由于竞争激烈，同行之间往往有敌对感。虽然做买卖要有竞争意识，但应该仔细地想一想，大家并不是为了竞争而做买卖。所以，在适当的竞争下，绝不能忽略跟同学之间建立友谊。千万不能因为附近同学的热卖而眼红，而应该大方地应付。如此相互尊重，必能使顾客增加对你们店铺的信心。

8.7 欢送顾客的技巧

从以往经验来看，很多同学在实训中当顾客买下商品后，以为交易就完成，便丢下顾客不理，去做别的事了，这是销售中的大忌。因为很容易使顾客产生一种被欺骗和受冷落的感觉。客人买了东西并不表示你与顾客的关系就结束了。

你没有办法选择顾客，顾客却有权利选择更好的店铺。所以，自己一定要自问这次的买卖是否真的对客人有所帮助，是否真的能使顾客感到满意，客人能不能因为这次的购物而再次光临或介绍他的亲戚朋友来买。因而将商品和找钱交给客人后，接着一定要说"谢谢您的惠顾，欢迎再来！"、"如果感觉好，别忘了介绍你的朋友来啊！"抱着谢意，送客人离去。日本有"送客三公里"这么一句话，虽然夸张了一点，但如果能目送顾客离去，顾客也会为店员的诚意所感动，同时也能注意到顾客是否有东西遗忘在店中。

上一个买卖结束了，就等于另一个买卖的开始。因此，有头有尾的服务品质，将满足顾客的购买热情，同时促使他再度光临，这样的结果，也等于多增加了一位顾客。

■ 课后作业

两个模拟企业的成员实训前首先进行角色扮演。一方扮演顾客，另一方扮演销售人员，针对顾客服务中应掌握的技巧进行训练，然后双方可转换角色，在此基础上进行总结完善。

第 9 章

会计核算与纳税

学习目标

1. 掌握模拟企业会计核算的基本方法。
2. 学会做模拟企业会计报表。
3. 能够理解纳税的有关规定。

会计核算是模拟企业实训中非常重要的一个环节，它是对会计基本知识的综合运用，本章从工商模拟市场实训的角度出发，重点对会计核算的基本技能进行了指导，值得注意的是，实训所涉及的这部分知识是建立在会计学基础、财务会计、中小企业会计的基础上，但又不完全类同。

9.1 模拟企业会计核算的程序与方法

模拟企业会计核算的基本目标是为模拟企业的投资者、债权人以及模拟企业管理者等提供与决策有用的会计信息。为确保会计目标的实现，进行模拟经营的企业的会计核算必须遵循一定的会计程序，采用相应的方法。

9.1.1 模拟企业会计核算程序

1. 会计确认

确认是模拟企业会计实践活动的起始环节，它所解决的问题是模拟企业会计应该核算的内容及其性质，进而也决定了模拟企业对外提供财务会计报告的性质和内容。模拟企业的经济活动相对简单，会计应核算的内容也比较少，模拟企业会计应该将哪些业务或事项纳入自己的核算范围就成为首先要解决的问题。对财务会计核算和报告的内容进行认定的工作，就是会计确认。“确认”，是将某经济业务事项作为资产、负债等会计要素加以记录和列入报表的过程。确认主要解决某项经济业务事项“是什么，是否应当在会计上反映”的问题。

某一项目确认为会计核算范围，必须具备以下条件：一、所确认的项目要符合某一会计要素的定义；二、所确认的项目在符合会计要素定义的基础上，要能够量化，即必须能够用货币计量；三、所确认项目提供的信息，对使用者的决策要能够产生影响；四、所确认的项目应该是真实的和可验证的。在满足以上四条标准的情况下，还要考虑所确认项目的成本是否小于效益、信息是否重要等因素。会计确认的过程，一般是经过填制和审核会计凭证这一方法来实现的。

2. 会计计量

计量，是用货币或其他量度单位计算各项经济业务事项和结果的过程。计量主要解决某项经济业务事项在会计上“反映多少”的问题。会计计量包括计量单位与计量属性。计量单位包括实物计量单位（如米、千克、小时等）和货币计量单位，货币计量单位分为名义货币单位与实际货币单位（不变价值货币单位）。模拟企业统一采用人民币来核算，不用分名义货币单位与实际货币单位。

3. 会计记录

记录，是用专门的会计方法在会计凭证、会计账簿中登记经济业务事项的过程。记录主要解决某项经济业务事项在会计上“如何登记”的问题。没有会计记录，各种经济业务的数据就不能转化为有序的会计信息。为了正确地理解会计记录，必须把握以下几点：

首先，在手工记账的情况下，会计记录的载体主要是会计凭证、账簿和报表；在利用电子计算机来替代手工处理的情况下，会计记录的载体可能是磁盘，也可能是打印出来的纸质载体。要求模拟企业既要做手工账务处理，也要做电算化处理。

其次，采用的会计记录方法是复式记账法中的借贷记账法。

最后，会计记录时采用的会计方法包括：设置会计科目和账户、复式记账、填制和审核凭证、登记账簿等。

4. 会计报告

会计报告，是指以综合的、系统的与分类的形式，将模拟企业财务状况、经营成果及现金流量等方面的信息，借助于一定的报表或报告等形式提供给会计信息使用者。财务会计报告由会计报表、会计报表附注和财务情况说明书组成，一般只要求模拟企业做出会计报表即可。

9.1.2 模拟企业会计核算方法

会计核算方法是对会计要素进行完整的、连续的、系统地反映和监督所应用的方法，主要包括以下几种方法。

1. 设置会计科目和账户

设置会计科目就是在设计会计制度时事先规定会计科目，然后根据会计科目在账簿中开立账户，分类地、连续地记录各项经济业务，反映由于经济业务的发生而引起的各会计要素的增减变动情况和结果，为经济管理提供各种类型的会计指标。模拟企业所涉及的业务有限，因此所需设置的会计科目不多，这里要求各模拟企业不要过多地去设置会计科目，只设置你在实训中能涉及到的会计科目即可。

2. 复式记账

复式记账是与单式记账相对应的一种记账方法。这种方法的特点是对每一项经济业务都要以相等的金额，同时记入两个或两个以上相互关联的账户。通过账户的对应关系，可以了解有关经济业务内容的来龙去脉；通过账户的平衡关系，可以检查有关业务的记录是否正确。要求每个模拟企业统一采用复式计账。

3. 填制和审核凭证

填制和审核会计凭证是指任何一项经济业务发生后都必须取得或填制会计凭证，并经过会计机构、会计人员审核。只有经过审核并认为正确无误的会计凭证，才能作为登记账簿的依据。填制和审核会计凭证，不仅为经济管理提供真实可靠的数据资料，也是实行会计监督的一个重要方面。模拟企业填制的会计凭证必须经过组员的审核，并且写上审核人的名字。

4. 登记账簿

登记账簿就是将会计凭证记录的经济业务，序时、分类地记入有关簿籍中开立的账户。登记账簿必须以凭证为依据，并定期进行结账、对账，以便为编制会计报表提供完整而又系统的会计数据。模拟企业可以在实训期结束后根据会计凭证汇总登记账簿。

5. 成本计算

成本计算是指在生产经营过程中，按照一定对象归集和分配发生的各种费用支出，以确定该对象的总成本和单位成本的一种专门方法。通过成本计算，可以确定材料的采购成本、产品的生产成本和销售成本，可以反映和监督生产经营过程中发生的各项费用是否节约或超支，并据以确定模拟企业经营盈亏。

6. 财产清查

财产清查是指通过盘点实物、核对账目，保持账实相符的一种方法。通过财产清查，可以查明各项财产物资和货币资金的保管和使用情况，以及往来款项的结算情况；监督各项财产物资的安全与合理使用。在清查中如发现财产物资和货币资金的实存数与账面结存数额不一致，应及时查明原因，通过一定审批手续进行处理，并调整账簿记录，使账面数额与实存数额保持一致，以保证会计核算资料的正确性和真实性。

7. 编制会计报表

编制会计报表，就是按照会计制度的要求，定期向报表使用者编报各种会计报表。会计报表提供的资料，是分析考核财务成本计划和预算执行情况、编制下期财务成本计划和预算的重要依据。

上述各种会计核算方法相互联系、密切配合，构成了一个完整的方法体系。模拟企业会计核算程序与方法的关系见图9-1。

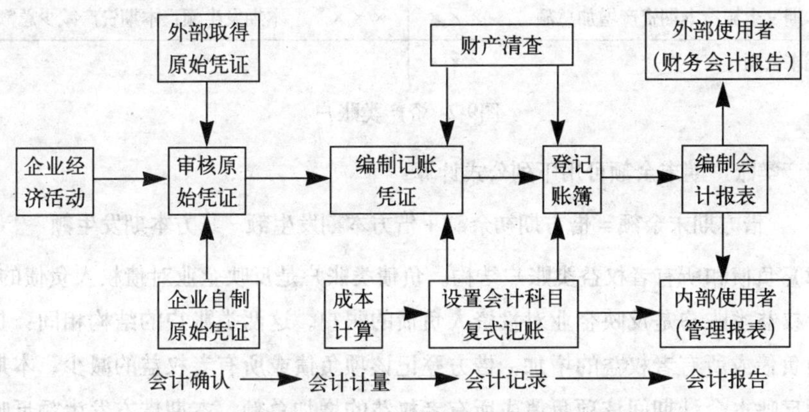

图9-1　模拟企业会计核算程序与方法的关系图

9.1.3　借贷记账法

借贷记账法是以“借”和“贷”作为记账符号，反映模拟企业资产、负债、所有者权益以及经营收支增减变化的一种复式记账方法。所谓“复式记账法”是指对发生的每一项经济业务，都以相等的金额，在相互关联的两个或两个以上账户中进行记录的记账方法。

1. 借贷记账法的记账符号

记账符号是指在记账之前指明每一笔业务应记入账户方向的标记或符号。借贷记账法以“借”和“贷”作为记账符号，其借贷二字已失去了原有的含义而成为单纯表示记账方向的标志。

在借贷记账法下，任何账户都分为借方和贷方两个基本部分，左方为借方，右方为贷方。

2. 借贷记账法的账户结构

在借贷记账法下，账户的借方和贷方必须做相反方向的记录。对于同一账户来说，如果借方登记增加金额，贷方就登记减少金额，反之，如果借方登记减少金额，贷方就登记增加金额。究竟哪一方登记增加额，哪一方登记减少额，则要根据账户所反映的经济内容决定。

(1) 资产类账户的结构。资产类账户是分类反映企业各项资产的账户。其结构是，借方登记有关资产的增加，贷方登记有关资产的减少；借方本期发生额反映本会计期间该项资产的增加总额，贷方本期发生额反映本会计期间该项资产的减少总额；其期初余额和期末余额在借方，表示该项资产在本报告期初和期末的结存金额。资产类账户的结构见图9-2。

资产类账户

借方（登记资产增加额）			贷方（登记资产减少额）
期初余额	×××		
本期发生额：本期资产增加总额	×××	×××	本期发生额：本期资产减少总额
期末余额	×××		

图9-2 资产类账户

资产类账户期末余额可用下列公式计算：

借方期末余额＝借方期初余额＋借方本期发生额－贷方本期发生额

(2) 负债和所有者权益类账户结构。负债类账户是反映企业对债权人负债的账户，所有者权益类账户是反映企业对投资人负债的账户。这两类账户的结构相同：贷方登记该项负债或所有者权益的增加，借方登记该项负债或所有者权益的减少；本期贷方发生额反映本会计期间该项负债或所有者权益的增加总额，本期借方发生额反映该项负债或所有者权益的减少总额；其期初和期末余额在贷方，反映该项负债或所有者权益报告期初和期末的金额。负债和所有者权益类账户的结构见图9-3。

负债、所有者权益类账户

借方（登记负债、所有者权益减少额）			贷方（登记负债、所有者权益增加额）
		×××	期初余额
本期发生额：本期负债、所有者权益减少总额	×××	×××	本期发生额：本期负债、所有者权益增加总额
		×××	期末余额

图9-3 负债和所有者权益类账户

负债、所有者权益类账户期末余额可用下列公式计算：

贷方期末余额＝贷方期初余额＋贷方本期发生额－借方本期发生额

(3) 损益类支出账户结构。损益类支出账户是分类反映经营过程各项支出的账户。其结构是：借方登记该项成本、费用或其他支出的增加，贷方登记该项成本、费用或其他支出的减少和期末将该项支出转入“本年利润”账户核算财务成果的转销数；本期借方发生额反映本报告期该项经营支出的总额，本期贷方发生额反映本报告期该项经营支出减少和转销的合计数；该类账户平日余额在借方，期末结转后一般无余额，期初亦无余额。此类账户又称为虚账户。其结构见图9-4。

损益类支出账户

借方（登记损益支出增加额）			贷方（登记损益支出减少额）
本期发生额：本期支出增加总额	×××	×××	本期发生额：本期支出减少总额及支出结转本年利润合计额
余额：平日余额为支出总额 期末结转后无余额	×××		

图9-4　损益类支出账户

（4）损益类收入账户结构。损益类收入账户是分类反映模拟企业经营过程的各种收入和收益，期末将该项收入转入“本年利润”账户核算财务成果的转销数；本期贷方发生额反映本会计期间该项收入总额，本期借方发生额反映报告期该项收入的减少额与转销额的合计数；该科目平日余额在贷方，期末转销后无余额，期初亦无余额。此类账户又称虚账户。其结构见图9-5。

损益类收入账户

借方（登记损益类收入减少额、期末转销额）			贷方（登记损益类收入增加额）
本期发生额：本期冲销收入总额及收入结转本年利润合计额	×××	×××	本期发生额：本期收入总额增加
		×××	余额：平日余额为收入总额 期末结转后无余额

图9-5　损益类收入账户

3. 借贷记账法的记账规则

采用借贷记账法登记经济业务应遵循借贷记账法的记账规则，即：“有借必有贷，借贷必相等。”

4. 借贷记账法的试算平衡

如果编制的会计分录和过账都未发生错误，任何一笔经济业务的会计分录过入账户后，两个或两个以上对应账户的借方发生额和贷方发生额是相等的；一个会计期间的全部经济业务登记账户后，表现以下三个方面的相等关系：按照“有借必有贷，借贷必相等”的记账规则，对每一项经济业务编制的会计分录的金额一定相等。将某一时期编制的会计分录全部登记到有关账户后，全部账户的借方本期发生额合计与全部账户的贷方本期发生额合计也必然是相等的。根据“资产＝负债＋所有者权益”会计等式，运用借贷记账法将所有经济业务记入有关账户后，其结果表现为全部资产类账户的余额合计必然等于全部负债类与所有者权益类账户的余额合计。在借贷记账法下，由于资产类账户余额一般在账户的借方，负债及所有者权益类账户余额一般在贷方。因此，全部账户的期末借方余额合计数与全部账户期末贷方余额合计数必然相等。由于上期期末余额为下期期初余额，因此，全部账户的期初借方余额合计数与全部账户期初贷方余额合计数必然相等。在实际工作中，账户试算平衡一般是在月末结算出各账户的本期发生额和期末余额以后，通过编制“试算平衡表”来完成的。

5. 借贷记账法的记账凭证

所有的会计记录都要有真凭实据。这是会计核算的一个重要特点，也是会计核算的一条基本原则。这种凭据，就是会计凭证，简称凭证。它是记录经济业务、明确经济责任的书面证明，也是记账的根据。会计凭证按其填制的程序和用途，分为原始凭证和记账凭证两类。原始凭证是在经济业务发生时编制的，用来记录经济业务、明确经济责任和进行记账的原始的凭证。记账凭证是由会计人员根据审核后的原始凭证填制，作为记账根据的凭证。编制会计分录，在实务上就是填制记账凭证。

9.2 现金的核算方法

对于一切现金收付业务，模拟企业都必须取得或填制合法的原始凭证，作为收付款的书面证明。只有经审核无误的原始凭证，会计人员才能据以填制现金收付款凭证，出纳员才能作为收付现金的依据。现金收付款凭证经审核无误后，才能作为登记账簿的依据。

9.2.1 现金的总分类核算

为了核算和监督库存现金的收支和结存情况，模拟企业应设置“现金”科目。它属于资产类科目。借方登记模拟企业取得的各种现金收入；贷方登记企业支付的各种现金支出；期末借方余额反映模拟企业实际持有的库存现金。现金总账应由不从事出纳工作的会计人员负责登记。它可以根据现金收付款凭证直接登记。

现举例说明现金的总分类核算方法如下：

例9-1

某模拟企业取得合伙人投入的现金1 000元，其账务处理方法如下：

借：现金　　1 000

　　贷：实收资本　　1 000

9.2.2 现金的明细分类核算

现金的明细分类核算也称现金的序时核算。为了加强对现金的管理，随时掌握现金收付的动态和库存余额，便于检查现金收付活动的合理性和合法性，防止差错，保护现金的安全与完整，模拟企业应当设置“现金日记账”，进行现金的明细分类核算。现金日记账的账页一般采用收入、支出和结余三栏式（或多栏式）格式，由出纳人员根据审核无误的收付款凭证，按照经济业务发生的先后顺序，逐日逐笔登记。其中，“收入栏”应根据现金收款凭证登记，“支出栏”应根据现金付款凭证登记。现金日记账应做到日清月结，账款相符。每日终了，应分别计算出当日的现金收入合计数、现金支出合计数和结余数，并将结余数与实际库存的现金数核对相符。实训结束时，应结算出整个实训期的现金收入和支出发生额，计算出实训期末库存现金余额，并与现金总账核对相符。如果发现有账款不符、账账不符等情况，应及时查明原因，并按有关规定进行处理。

9.3 应收账款的核算

9.3.1 应收账款的计价

应收账款的计价就是确定应收账款的入账金额，并合理估计其可收回金额。应收账款通常应按实际发生额计价入账。由于模拟企业为了促销或及时收回货款，在销售时常常实行折扣政策，因此，对应收账款计价时需要考虑商业折扣。

商业折扣是指模拟企业根据市场供需情况或针对不同的顾客，在商品标价上给予的扣除。它实际上是对商品报价的折扣。商业折扣可以用百分比表示，也可以用确定的金额表示。商业折扣是模拟企业最常用的促销手段。模拟企业为了扩大销售、占领市场，对于大量采购的客户往往给予商业折扣。在竞争激烈的市场环境下，商业折扣这种促销手段更是被频繁使用。

商业折扣一般在交易发生时即已确定，它仅仅是确定实际销售价格的一种手段，不需要在买卖双方的账上反映，因而商业折扣对应收账款的入账价值没有实质性影响。所以，在存在商业折扣的情况下，应收账款的入账金额应按扣除商业折扣以后的实际售价确认。

9.3.2 应收账款的核算方法

为了核算和监督应收账款的形成及其回收情况，模拟企业应设置“应收账款”科目。它属于资产类科目。借方登记因销售商品、产品、提供劳务等所发生的应收账款；贷方登记已经收回或转销的应收账款；期末借方余额反映模拟企业尚未收回的应收账款。本科目应按不同的债务人设置明细账，进行明细核算。

例9-2

某模拟企业销售给李生5元的冰点，当日未收回款。

借：应收账款——李生　　5

　　贷：销售收入　　　　　　5

例9-3

模拟企业收回李生欠款5元。

借：现金　　5

　　贷：应收账款——李生　　5

9.4 存货的核算

9.4.1 存货的基本概念

存货是指模拟企业在正常生产经营过程中持有以备出售的产成品或商品，或者为了出售仍然处在生产过程中的在产品，或者将在生产过程或提供劳务过程中耗用的材料、物料等。它包括商品、产成品、半成品、在产品以及各类材料、燃料、包装物、低值易耗品等。由于模拟企业存续期较短，故对加工类型的模拟企业，存货主要是：原材料、库存商品这两个科目即可；对非加工类型的模拟企业，存货主要是：库存商品。

9.4.2 存货的入账价值

根据历史成本原则，各种存货应当按其取得时的实际成本入账。由于模拟企业存货的来源不同，其实际成本的构成也不同。

1. 购入的存货

其实际成本包括下列各项：

买价。指进货发票上所注明的货款金额。

运杂费。包括运输费、装卸费、保险费、包装费、仓储费等。

运输途中的合理损耗。有些存货在运输途中会发生短缺和损耗，除合理的运输途中损耗应当计入存货的采购成本外，能够确定应由责任单位或过失人负责的，应向责任单位或过失人索取赔偿，不计入进货成本。

2. 自制的存货

应以制造过程中的各项实际支出作为实际成本，包括直接材料、直接人工以及按照一定方法分配的制造费用等。

3. 接受捐赠的存货

应当分别以下情况确定其实际成本：①捐赠方提供了有关凭据（如发票、有关协议）的，应按凭据上标明的金额加上应支付的相关税费作为实际成本；②捐赠方没有提供有关凭据的，应按其市价或同类、类似存货的市场价格估计的金额，加上应支付的相关税费，作为实际成本。

9.4.3 存货发出的计价方法

存货发出的计价方法，是指对发出存货和每次发出后的存货结存价值的计算确定方法。模拟企业按实际成本进行存货的日常收发核算时，由于购入存货的采购地点、采购时间、供应单位、单价、运输方式等因素不尽相同，各批购入的同一种存货的实际成本往往不同。这就产生了存货发出时应按什么单价记账的问题，即如何计算发出存货和期末结余存货的实际成本。发出存货实际成本的确定是否正确，直接影响到当期销售成本、当期损益和有关税费的计算，也直接影响到期末存货价值的确定，从而影响到资产负债表中的相关项目。因此，模拟企业应当根据其经营性质、经营规模、存货收发的频繁程度和管理要求等实际情况，选用适当的计价方法，正确计算发出存货和期末存货的实际成本。通常发出存货的计价方法有先进先出法、后进先出法、加权平均法、移动平均法、个别计价法。在此统一规定采用先进先出法。

先进先出法是依据先购入的存货应先发出（销售或耗用）这样一种存货实物流动假设为前提，对发出存货进行计价。采用这种方法，先购入的存货成本在后购入的存货成本之前转出，据此确定发出存货和期末存货的成本。如果发出存货的数量在第一批入库数量以内，以第一批入库存货的实际成本计算。如果发出存货的数量超过第一批入库的数量，超出部分，按第二批入库存货的实际单价计算，以此类推。

□例9-4

某模拟企业采用先进先出法计算其存货成本，见表9-1。

表9-1　A材料明细账

（先进先出法）

日期	摘要	收　入			发　出			结　存		
		数量	单价	金额	数量	单价	金额	数量	单价	金额
1	购入							50	4	200
2	购入	30	5	150				50 30	4 5	350
3	发出				40	4	160	10 30	4 5	190
4	购入	20	4.5	90				10 30 20	4 5 4.5	280

9.4.4　库存商品的核算

1. 库存商品的核算内容

库存商品是指模拟企业已完成全部生产过程并已验收入库、合乎标准规格和技术条件，可以按照合同规定的条件送交订货单位或可以作为商品对外销售的产品，以及外购用于销售的各种商品。

2. 库存商品的核算方法

为了核算和监督库存商品的增减变动及其结存情况，模拟企业应设置“库存商品”

科目。它属于资产类科目。借方登记验收入库的各种商品的实际成本；贷方登记已出库的各种商品的实际成本；期末借方余额反映模拟企业各种库存商品的实际成本（或进价）或售价。本科目应按库存商品的种类、品种和规格设置明细账，进行明细核算。

(1) 自己生产产品的模拟企业库存商品的核算

从事生产的模拟企业，其库存商品主要指产成品。产成品是指已经完成全部生产过程并已验收入库符合标准规格和技术条件，可以作为商品对外销售。模拟企业的产成品一般应按实际成本进行核算。

模拟企业生产完成验收入库的产成品，应按实际成本，借记“库存商品”科目，贷记“生产成本”等科目；模拟企业在销售产成品并结转成本时，应借记“主营业务成本”科目，贷记“库存商品”科目。

例9-5

某生产型模拟企业将本期生产完工的产品20件，单位成本3元，验收入库。

借：库存商品　　60

　　贷：生产成本　　60

例9-6

该模拟企业将上例中的产品全部销售，结转销售成本

借：主营业务成本　　60

　　贷：库存商品　　60

(2) 从事商品流通的模拟企业库存商品的核算

从事商品流通的小企业，其库存商品主要指外购的用于销售的各种商品。从事商品流通的小企业购入商品抵达仓库前发生的包装费、运杂费、运输存储过程中的装卸费、运输途中的合理损耗和入库前的挑选整理费用等采购费用，对于正规企业是不计入购入商品的实际成本，应于发生时确认为当期的营业费用。但对于模拟企业，可以统一将这些都计入到所购商品的成本中。

例9-7

某模拟企业购入A产品20件，每件购入价2元，验收入库，已用现金付款。

借：库存商品　　40

　　贷：现金　　40

例9-8

该模拟企业将上例中的产品全部销售，结转销售成本

借：主营业务成本　　40

　　贷：库存商品　　40

9.5 固定资产的核算

9.5.1 固定资产的概念

理论上，固定资产是指为生产商品、提供劳务、出租或经营管理而持有的、使用年限超过一年、单位价值较高的有形资产。但是在工商模拟期间，实训时间比较短暂，如果按固定资产的定义，任何模拟企业都不可能有固定资产，因此，模拟企业的固定资产主要表现为建筑物（搭建的经营用的档口）、生产设备（不论是临时租用还是购入的都看做是固定资产）、工具器具等。注意，这里所说的固定资产必须是模拟企业支付了资金而得到的，模拟企业为了得到这项资产而付出的代价全部计入固定资产的成本。

9.5.2 固定资产的特征

模拟企业必须注意实务中固定资产的特征是：（1）以经营使用为目的，而不是为了出售，这是固定资产最基本的特征，它是区别固定资产与流动资产的一个重要标志。（2）固定资产的使用期限较长，一般在一年或一个营业周期以上。（3）固定资产的单位价值较高。

模拟企业在确认固定资产时与实务中企业确认固定资产的依据表面上不一致，但至少有一点是一致的，即不以出售为目的；其次，如果将实训的每一天看做是一年，则满足了使用期较长的特征；最后，由于模拟企业规模极小，将模拟企业持有的，使用时间在一天以上的，单位价值在20元以上的资产，确认为模拟企业的固定资产。

9.5.3 固定资产的确认条件

固定资产的确认是一个判断过程，它是对符合固定资产定义的各种资产，在满足一定条件的情况下将其确认入账。从理论上讲，固定资产的定义反映了固定资产的本质属性，是其最基本的判断标准，它将固定资产与其他资产区别开来。但是，固定资产的定义对固定资产的限定是综合性的，并没有从会计角度给出其限定条件。因此，模拟企业的某一资产项目如果要作为固定资产加以确认，在符合固定资产定义的前提下，还必须同时符合以下两个确认条件：其一，该固定资产包含的经济利益很可能流入模拟企业；其二，该固定资产的成本能够可靠地计量。

9.5.4 固定资产取得的核算

模拟企业取得固定资产的来源渠道很多，如购入、自行建造、投资者投入、融资租入、接受捐赠、无偿调入等，但不论其来源渠道如何，模拟企业都必须按照规定办理验收交接手续，及时取得和填制有关凭证，作为新增固定资产登记入账的依据，以保证固定资产核算的真实性及模拟企业资产的安全与完整。

为了核算和监督固定资产的取得过程及其结果，模拟企业应设置下列会计科目："固定资产"科目。它属于资产类科目，用来核算模拟企业各种固定资产原价的增减变动和结存情况。借方登记增加的固定资产原价；贷方登记减少的固定资产原价；期末借方余额反映模拟企业期末固定资产的账面原价。模拟企业经营租入的固定资产，也在本科目核算(这是特殊规定，只适用于模拟企业)。

模拟企业外购的固定资产，分为不需要安装的固定资产和需要安装的固定资产两种情形，其取得成本及核算方法均有所不同。前者是指购入后不需要经过安装就可以直接交付使用的固定资产，其取得成本包括企业实际支付的买价、包装费、运杂费、保险费、专业人员服务费和相关税费等；后者是指购入后必须经过安装才能交付使用的固定资产，其取得成本是在前者取得成本的基础上加上安装调试费用等。模拟企业购入不需要安装的固定资产时，应按实际发生的全部支出作为购入固定资产的原价，直接记入"固定资产"科目；模拟企业购入需要安装的固定资产时，实际支付的全部价款（包括买价、包装费、运杂费和相关税费等）和发生的安装费用等均应先通过"在建工程"科目予以归集，待安装完毕达到预定可使用状态时，再将"在建工程"科目所归集的全部支出作为固定资产原价，由"在建工程"科目转入"固定资产"科目。由于在本教材中模拟企业不用设置"工程物资"科目及"在建工程"科目，而且各模拟企业一般都是自己购买材料搭建的档口，为了简化，模拟企业取得的固定资产视为不用安装处理。

注意：各模拟企业自建的、临时租赁的、外购的固定资产统一视为外购而得。

例9-9

某模拟企业为了搭建档口而购入A材料30元，B材料40元，运费5元，各项都是用现金付款。档口搭建装修完毕，交付使用。

借：固定资产　　75

　　贷：现金　　75

9.5.5 固定资产的折旧

固定资产折旧是企业成本、费用的重要组成部分。因此，正确地计提固定资产折旧，并组织好固定资产折旧的会计核算工作，不仅是正确反映企业的资产、保证固定资产的简单再生产、促进企业技术进步的前提，也是实现收入与费用的合理配比、正确计算各期损益的前提。

1. 影响固定资产折旧的因素

影响固定资产折旧的因素主要有以下三个方面：

(1) 折旧的基数

模拟企业计提固定资产折旧的基数一般为固定资产的原始成本，即固定资产的账面原价。

(2) 预计净残值

预计净残值是指固定资产的预计残值扣除预计清理费用后的余额。各模拟企业应根据固定资产的性质和使用情况，合理确定固定资产的预计净残值。

(3) 预计使用寿命

预计使用寿命是指固定资产预期使用的期限。通常情况下，固定资产的使用寿命是指使用年限。但在工商模拟实训情况下，固定资产的使用寿命就是实训天数。

2. 固定资产折旧的计算方法

模拟企业应当根据固定资产所含经济利益的预期实现方式选择折旧方法，可选用的折旧方法包括年限平均法、工作量法、双倍余额递减法和年数总和法。本教材中折旧方法统一确定为直线法。

直线法，是指将固定资产的应提折旧总额均衡地分摊到固定资产预计使用寿命内各个会计期间的一种方法。即采用这种方法计算的每期折旧额均是等额的。其计算公式如下：

年折旧率 =(固定资产的原值 − 预计的净残值) / 使用期限

注意：模拟企业的年折旧率实际是日折旧率；使用期限实际是实训天数。一般情况下，不要求模拟企业进行折旧的计算，即不考虑固定资产的折旧，直接将固定资产的原值计入到实训期间的损益中。

9.6 所有者权益的核算

9.6.1 所有者权益的概念

所有者权益又称产权，是指所有者在模拟企业资产中享有的经济利益，其金额为资产减去负债后的余额。资产减去负债后的余额称为净资产。因此，所有者权益实际上是投资者（即所有者）对企业净资产的所有权。所有者权益表明了企业的产权关系，即企业是由谁投资的，归谁所有。

9.6.2 所有者权益的构成

模拟企业的所有者权益由实收资本、资本公积、盈余公积和未分配利润四个部分构成。实收资本是指模拟企业实际收到投资者投入的资本，包括投资者实际投入企业的货币资金、实物资产和无形资产等；资本公积是指由投资者或者他人投入到模拟企业，所有权归属投资者，但不构成实收资本的那部分资本或资产；盈余公积是指企业按规定从税后利润中提取的具有特定用途的积累资金；未分配利润是指企业留待以后年度进行分配的历年结存的利润。盈余公积和未分配利润又统称为留存收益。

9.6.3 所有者权益各部分的核算方法

本教材通过例题来显示所有者权益各部分的核算方法。

例9-10

某模拟企业收到合伙人张某的投资100元。

借：现金　　100

　　贷：实收资本　　100

例9-11

某模拟企业收到××企业的捐赠200元现金。

借：现金　　200

　　贷：资本公积　　200

例9-12

某模拟企业实训期实现净利润400元，要求按净利润的10%提取盈余公积。

借：利润分配－提取法定盈余公积　　100

　　贷：盈余公积－法定盈余公积　　100

9.7 期间费用的核算

期间费用是指不能直接归属于某个特定产品成本的费用。它是随着时间的推移而发生的与当期产品的管理和产品销售直接相关，而与产品的产量、产品的制造过程无直接关系的费用。即期间费用容易确定其发生的期间，但难以判别其所应归属的产品，因而不能计入产品制造成本，而应在发生的当期从损益中扣除。期间费用包括营业费用、管理费用和财务费用。其中：

营业费用是指模拟企业在销售商品过程中发生的费用，主要包括运输费、装卸费、包装费、保险费、展览费和广告费，以及为销售本模拟企业商品而专设的销售机构的职工工资、类似工资性质的费用、业务费等经营费用。

管理费用是指模拟企业为组织和管理生产经营活动所发生的各项费用，主要包括模拟企业的行政管理部门在经营管理中发生的公司经费（包括行政管理部门职工工资、修理费、物料消耗、低值易耗品摊销、办工费和差旅费等）、咨询费、业务招待费等。

财务费用是指模拟企业为筹集生产经营所需资金等而发生的费用，主要包括利息支出以及相关的手续费等。

我们的意见是：模拟企业可以将上述期间费用简化，直接用期间费用这个科目来表示，这其中包括：固定成本、模拟企业的摊位费、人员的工资等费用。

9.8 会计报表

要求模拟企业编制资产负债表、利润表。

其中：

资产负债表编制的依据是：资产=负债＋所有者权益

利润表编制的依据是：利润=收入－费用

例9-13

某模拟企业在实训期间发生以下经济业务：

(1) 收到合伙人张某的投资100元。

(2) 收到××企业的捐赠200元现金。

(3) 某模拟企业为了搭建档口而购入A材料30元，B材料40元，运费5元，各项都是用现金付款。档口搭建装修完毕，交付使用。

(4) 某模拟企业购入A产品20件，每件购入价2元，验收入库，已用现金付款。

(5) 该模拟企业将上例中的产品全部以每件3元销售，结转销售成本。

要求：根据上述资料编制资产负债表与利润表。(注：每一科目期初余额为零)

首先，应将上述各项业务记到记账凭证上，即做出各项业务的会计分录。

1. 借：现金　100
　　贷：实收资本　100
2. 借：现金　200
　　贷：资本公积　200
3. 借：固定资产　75
　　贷：现金　75
4. 借：库存商品　40
　　贷：现金　40
5. 借：主营业务成本　40
　　贷：库存商品　40
6. 借：现金　60
　　贷：主营业务收入　60
7. 借：本年利润　40
　　贷：主营业务成本　40
8. 借：主营业务收入　60
　　贷：本年利润　60
9. 借：本年利润　20
　　贷：利润分配　20

注：上述第7项会计分录是结转成本，第8项会计分录是结转收入，第9项会计分录是结转利润。其中，第三项业务购买固定资产，正常情况下，是应计提折旧或是将固定资产计入成本的，在本案例中，只是按固定资产来处理，即不提折旧，也不计入固定成本。

其次，编制资产负债表（见表9-2）。

表9-2 资产负债表

资　产	期末数	负债及所有者权益	期末数
流动资产		所有者权益	
现金	245	实收资本	100
流动资产合计	245	资本公积	200
固定资产	75	未分配利润	20
		所有者权益合计	320
资产合计	320	负债及所有者权益合计	320

注：由于没有负债发生，故负债为0。

最后，编制利润表（见表9-3）。

表9-3 利润表（简化）

项　目	本年累计数
主营业务收入	60
减：主营业务成本	40
利润总额	20

注：本例题没有考虑税费。

9.9 纳税

各模拟企业需要明确我国有20多个税种，其中包括增值税、消费税、营业税、城建税、个人所得税、企业所得税、关税等税种。下面只是简要介绍与实训相关的税种。

9.9.1 所得税

所得税可以分为个人所得税、企业所得税，涉外企业所得税。其中，模拟企业不涉及涉外企业所得税，而企业所得税的纳税人包括：国有企业；集体企业；私营企业；联营企业；股份制企业；有生产、经营所得和其他所得的其他组织。其中，国有企业、集体企业、私营企业、联营企业、股份制企业，是指按国家有关规定注册、登记的上述各类企业。有生产、经营所得和其他所得的其他组织，是指经国家有关部门批准，依法注册、登记的事业单位、社会团体等组织。企业所得税纳税人必须是独立经济核算的企业或者组织，即纳税人必须是同时具备在银行开设结算账户；独立建立账簿，编制财务会计报表；独立计算盈亏等条件的企业或者组织。中小企业中的个人独资企业和合伙企业不需要缴纳企业所得税，但其投资人的所得需要缴纳个人所得税。除此以外的中小企业，均属于企业所得税的纳税人。因此模拟企业不需交纳企业所得税，只需交纳个人所得税。

1. 个人所得税应税所得项目

应税所得项目，明确了个人所得税征税范围，目前共11项应税所得（见表9-4）。

表9-4　个人所得税应税项目

应税所得项目	要　点
1. 工资、薪金所得	注意区分工资、薪金、奖金，津贴、补贴的征免界线
2. 个体工商户的生产、经营所得	包括个人因从事彩票代销业务而取得的所得
3. 对企事业单位的承包、承租经营	承包方式分两种： (1) 承包、承租人对经营成果不拥有所有权； (2) 承包、承租人对经营成果拥有所有权。两者征税时适用不同种类的超额累进税率
4. 劳务报酬所得	指个人独立从事非雇佣的各种劳务所取得的所得。掌握劳务报酬所得与工资、薪金、稿酬所得在性质上的区别。
5. 稿酬所得	个人因其作品以图书、报刊形式出版、发表而取得的所得。公开出版、发表是判断稿酬所得的关键
6. 特许权使用费所得	不包括稿酬所得
7. 利息、股息、红利所得	国债和国家发行的金融债券利息免税
8. 财产租赁所得	包括个人出租建筑物、土地使用权、机器设备、车船以及其他财产取得的所得
9. 财产转让所得	目前股票转让所得暂不征收个人所得税
10. 偶然所得	指机会所得，如得奖、中奖、中彩等所得
11. 其他所得	

从表9-4可知，模拟企业主要适用于对个体工商户（下面对个体工商户简称为模拟企业）的生产、经营所得这一项。在工商模拟市场实训期间，各模拟企业进行的生产产品、销售产品所得即为生产、经营所得。

2. 适用税率

模拟企业的生产、经营所得，适用5%～35%的超额累进税率（见表9-5）。

表9-5　模拟企业个人所得税税率表

级　数	全年应纳税所得额	税率（%）	速算扣除数
1	不超过5 000元的	5	0
2	超过5 000～10 000元的部分	10	250
3	超过10 000～30 000元的部分	20	1 250
4	超过30 000～50 000元的部分	30	4 250
5	超过50 000元的部分	35	6 750

3. 应纳税额的计算

模拟企业应纳税额的计算公式为：

应纳税额＝应纳税所得额×适用税率－速算扣除数

应纳税所得额＝收入－必要费用

例9-14

某模拟企业在模拟期间采购了2 000元商品，以5 000元的价格全部卖出，购货时支付运费30元，支付摊位费100元，试计算其应纳的个人所得税税额。

已知：收入＝5 000元，成本与费用＝2 000＋30＋100＝2 130（元）2006年开始，税前允许扣除1 600元。

应纳税所得额＝5 000－2 130－1 600＝1 270（元）

应纳税额＝1 270×5%－0＝63.5(元)

4. 模拟企业应纳税额

从例9-13看，几乎没有哪个模拟企业能达到交税的标准，是否就不用交税呢?答案是否定的，即必须交税。

我国个人所得税税法中对个体工商户的应纳税所得额的计算主要有两种方法：

第一种：查账征收。

第二种：核定征收。

核定征收方式，包括定额征收、核定应税所得率征收以及其他合理的征收方式。

番禺职业技术学院对参加工商模拟实训的各模拟企业采取的是定额征收，即不论模拟企业是亏损还是盈利，都交同样固定金额的所得税。

9.9.2 增值税

增值税的内容比较多，教材中只是针对与模拟企业有关的部分加以指导，模拟企业必须明确教材这部分内容是依据增值税税法，但只是选用适合模拟企业实训的方面。

1. 纳税人

增值税的纳税人包括：

(1) 单位。一切从事销售或接受应税劳务的单位都是增值税的纳税人。

(2) 个人。凡是从事货物销售或提供应税劳务的个人都是增值税的纳税人。包括个体经营者及其他个人。

(3) 其他。其他，是指增值税纳税还包括外商投资企业和外国企业、承租人和承包人、扣缴义务人，略。

综上所述，模拟企业都属于增值税的纳税人。

2. 税率

模拟企业适用的增值税税率适用于4%的征收率。

3. 视同销售行为的特殊规定

模拟企业有一些行为，表面上看不是销售，但根据增值税税法的规定应当做销售来处理的行为主要有以下几个方面：

（1）将货物交付他人代销。

（2）销售代销货物。

（3）设有两个以上机构并实行统一核算的纳税人，将货物从一个机构移送其他机构用于销售，但相关机构设在同一县（市）的除外。

（4）将自产或委托加工的货物用于非应税项目。

（5）将自产、委托加工或购买的货物作为投资，提供给其他单位或个体经营者。

（6）将自产、委托加工或购买的货物分配给股东或投资者。

（7）将自产、委托加工的货物用于集体福利或个人消费。

（8）将自产、委托加工或购买的货物无偿赠送他人。

4. 应纳税额的计算公式

模拟企业销售货物，按照销售额和规定的4%的征收率计算应纳税额，不得抵扣进项税额。应纳税额计算公式为：

应纳税额 = 销售额 × 4%

5. 一般销售方式下的销售额认定

正确计算应纳增值税额，需要首先核算准确作为增值税计税依据的销售额。销售额是指模拟企业销售货物向购货方收取的全部价款和价外费用，但是不包括向购货方收取的增值税。

6. 采取折扣方式销售的销售额认定

折扣销售是指销货方在销售货物时，因购货方购货数量较大等原因而给予购货方的价格优惠（如购买2件，八折；购买3件，七折）。由于折扣是在实现销售时同时发生的，因此，税法规定，如果销售额和折扣额在同一张发票上分别注明的，可按折扣后的余额作为销售额计算增值税；如果将折扣额另开发票，不论其在财务上如何处理，均不得从销售额中减除折扣额。模拟企业是无法开具发票的，因此，模拟企业只要能明确表明是折扣销售的就允许按折扣后的余额作为销售额。

7. 视同销售行为的销售额认定

在本节已列明了模拟企业8种视同销售行为，如将货物无偿赠送他人等。这8种视同销售行为中某些行为是不以资金的形式反映出来，会出现无销售额的现象。因此，税法规定，对视同销售征税而无销售额的按下列顺序确定其销售额：

（1）按纳税人当月同类货物的平均销售价格确定；

(2) 按纳税人最近时期同类货物的平均销售价格确定；

(3) 按组成计税价格确定。

本教材统一规定，模拟企业的视同销售行为按纳税人当天同类货物的平均销售价格确定。

8. 含税销售额的换算

由于模拟企业在销售货物时，取得的销售收入均为含税销售额。为了符合增值税作为价外税的要求，模拟企业在计算应纳税额时，必须将含税销售额换算为不含税的销售额后才能计算应纳税额。模拟企业不含税销售额的换算公式为：

不含税销售额 = 含税销售额 ÷ (1 + 4%)

例9-15

某模拟企业在实训期间，取得销售收入总额3 000元。计算该模拟企业应缴纳的增值税税额。

(1) 不含税销售额 = 3 000 ÷ (1 + 4%) = 2 884.62(元)

(2) 应缴纳的增值税税额 = 2 884.62 × 4% = 115.38(元)

说明：工商模拟市场实训的组织单位可以根据实际情况，既可以采取确认销售额方式收取增值税，也可以采取定额征收方式。

课后作业

1. 根据本章要求确认本模拟企业的会计核算程序。
2. 做出本模拟企业的会计报表。

第10章

安全管理

学习目标

1. 保证实训过程中个人的人身安全。
2. 保证实训过程中个人的财物安全。
3. 保证实训过程中学校集体的财产安全。

安全管理是工商模拟市场实训中一定要特别予以重视的环节。这项实训不同于其他实训项目：它有实训基地的建设；它有商品生产经营及全过程管理；它还涉及到很多班级的学生共同实训，而学校其他师生也会作为顾客参与进来。工商模拟市场实训涉及的人数多、人员广，因而它会产生很多安全隐患，也会给安全管理带来很大的挑战。工商模拟市场实训中的安全管理包括的范围相当广泛。以地点为例，除了包括购物区域之内，还包括购物区之外学生采购、制作商品的许多场所；在对象上，除了人（如顾客、店员、厂商以及校外闲杂人员等）还有财物的安全；在事件上，除了突发的意外状况，还有日常的例行作业；在时间上，更是随时都有可能发生，因而必须给予充分的重视。

10.1 安全管理的内容

工商模拟市场虽说只是一个为期一两周的实训活动，但涉及的安全管理会有用电安全管理、用火安全管理、现场安全管理、商品安全管理、食品安全管理、财物安全管理、采购安全管理等方面的内容，具体如下：

10.1.1 用电、用火安全管理

1. 用电安全管理

由于工商模拟市场实训的时间是在每天下午的4:30至晚上9:30，故每一个店铺的照明问题是首先要解决的问题。而熟食区更是用电大户，因为每一个摊位都经常是用两台以上电饭煲、电磁炉等炊具。此外还有精品店、零食店、服饰店的装饰用照明也不容忽视。因而这部分的用电管理应由系部出面统一由后勤电工帮助解决，并制定相应的制度对每个摊位的用电量规定用电定额加以限制。另外一方面实训学生在实训过程中一定遵守学校在实训期间的规章制度，加强自我安全管理的意识，不能私自乱接用电线路。在熟食制作过程中要妥善使用相关的设施，确保自身的安全。

2. 用火安全管理

涉及到用火问题主要是经营熟食特别是烧烤的摊位，由于在生产经营中会用到明火，所以一定要注意安全。首先应按规定不使用以天然气、液化气之类为原料的用具。若使用焦炭，要注意周围不得放置易燃易爆的物品，要有人专门看管，且注意自身的安全，防止烧伤、烫伤。

10.1.2 现场安全管理

不安全的现场商品陈设，容易使顾客在购物区域活动时，发生意外事故，因此需特别注意下列事项：

（1）货品陈列安全：货品陈列过高或是摆放不整齐，容易因人为碰撞而使商品倒塌或掉落，造成顾客或店员的意外伤害。

（2）店铺装潢安全：开店者为了吸引消费者，往往在装潢上作了不少投资。但是在美观之余，还必须注意其安全性。应尽量不使用玻璃作为台面或装饰用，因为玻璃制品易碎，除了容易引起严重的伤害之外，还因为其碎片不容易清理干净，使其他的顾客再次受伤。

（3）货架摆设安全：货架摆设的位置不当、不稳固或是有凸角产生，都可能使顾客在购物时发生意外事故。

（4）地面安全：地面湿滑或有水渍出现时，若未能立即处理，也会造成顾客在行进时滑跤。

10.1.3 商品安全管理

商品安全管理是指商品带给顾客的安全管理，要重点做好防止购买假冒伪劣商品的工作。依据国家质量技术监督局的规定，下列12种情况下的商品为假冒伪劣商品：

（1）失效、变质的。

（2）危及人民健康和安全的。

(3) 不达标的。

(4) 冒用优质或认证标志和伪造许可证标志的。

(5) 掺杂使假、以假充真或以旧充新的。

(6) 国家有关法律、法规明确规定禁止生产、销售的。

(7) 无检查合格证或无有关单位销售证明的。

(8) 未用中文表明商品名称、厂商和产地的。

(9) 限时使用而未标明失效时间的。

(10) 按有关规定应用中文标明等级、规格、主要技术指标成分、含量而未标明的。

(11) 属处理品而未在商品或包装的显著位置标明处理品字样的。

(12) 未注明商品有关知识和使用说明的。

同学们要加强对上述12种假冒伪劣商品的识别，避免受骗而把这些商品采购回来，使顾客和自己均受到损害。

10.1.4 食品卫生管理

经营熟食的同学要特别注意食品卫生，确保顾客食用安全、卫生的食品。为此要注意以下几方面的问题：

(1) 保持个人的身体健康，养成良好的个人卫生习惯。

(2) 生、熟食品要分开存放，用具也要相应分开。

(3) 使用消毒或一次性的炊具和餐具。

(4) 要妥善保管每天剩余的原材料。

(5) 禁止出售变味、变质的食品。

(6) 及时清理摊位周围的垃圾，保持环境整洁。

10.1.5 财物安全管理

工商模拟市场的实训由于是在校内举行，故企业的财物安全相对来说有良好的保证。但是由于人多手杂，也会有其他院校或社会闲散人员进入市场，所以对于个人的财物安全还是小心为好。

(1) 外出采购时要特别注意个人的人身和财物安全。

(2) 每天开始营业时要检查店铺是否完好无损，如有问题及时补救。

(3) 营业过程中要看管好自己经营的商品。

(4) 每次收银时一定要采取必要的措施防止假钞。

(5) 每天营业结束时要清点现金，保管好剩余的商品。

10.2 发生事故的应对措施

尽管事故的发生大部分都属于意外状况，但是如果能够针对前文所述的各项安全管理项目，做好事前防范工作，且在意外事故发生时，组织积极有效的处理则可将事故造成的损害降至最低程度。为了确实掌握实训中的各项安全管理，各模拟企业需要制定各项安全管理制度，对事前、事中、事后的应变措施，做出相应的规定。有了良好的事前防范，才能减少事故发生的机会，或是当事故发生时，才可以迅速有效地处理，以减少人员及财物上的损失。而每次意外事故发生之后，也必须追查事故发生的原因及责任，做好善后工作及各项补救措施，并总结经验和教训。为了有效预防上述各项安全管理上的疏漏，可采取下列措施。

10.2.1 事前防范

（1）定期检查。在工商模拟市场实训期间，定期检查店铺内的各项安全设施，对于破旧、损坏或过期者，应立即修复或更换。

（2）培养警觉心。养成发现问题马上反映的习惯，因为良好的保安警觉是减少意外事件发生的有力保证。

（3）互相提醒。在工商模拟市场实训期间，同学们经常互相提醒注意安全会大大减少安全事故发生的可能。

10.2.2 事中控制

（1）沉着冷静。不管发生任何状况，必须保持沉着冷静的态度，凡事不可轻举妄动，首先应保证自身安全。

（2）迅速且适当的处理。根据事前所做的各项安全管理预案，对发生的事故迅速、妥善地加以处理。

（3）报告老师。发生较为严重的安全事故一定迅速报告实训指导老师，由老师和学校协助解决。

10.2.3 事后处理

（1）事故原因的追查。除了找出意外事件的“导火线”，对于“导火线”背后真正原因也须一并追查。

（2）责任的追查。清查相关人员的责任，不仅可以对尽职的人员表扬，也可以对失职的人员有所警告。

（3）补救措施的建立。亡羊补牢虽然不能挽回事故所造成的损失，但是针对事故的原因，迅速建立各项补救措施，仍可避免日后发生类似的事件。

课后作业

请每一个参加工商模拟市场实训的模拟企业制定安全管理的相应措施并确定相关的责任人。

第 11 章

工商模拟市场实训考核

学习目标

1. 了解工商模拟市场实训考核内容。
2. 掌握课程考核的重点和标准。
3. 熟悉摊位评价的有关内容。
4. 有效地进行学生之间的互评。
5. 努力获得高质量的实训成果。

课程考核是实训课程必不可少的重要的教学环节，为了保证对学生实训成绩评定的公正与公平，同时为了检验本实训课程的真实效果，总结成功的经验，查找存在的问题，促进此课程的不断改进和完善，必须制定科学规范的考核方案并实施有效的考核。

11.1 课程考核方案

11.1.1 课程考核方案说明

（1）本课程考核方案依据《工商模拟市场实训教学大纲》和《工商模拟市场实训指导书》制定而成。

（2）本考核方案以鼓励学生提高实训效果，取得优秀成绩，帮助教师真实、全面、客观考核学生，总结实训经验，以发现存在问题为宗旨，改革传统教学考核方式，引导教师进行教学改革，引导学生团队合作、不断创新。着重考虑了：①模拟企业开业前的准备与开业后的经营管理的关系；②企业调查报告、投资经营方案的撰写与现场经营管理实操的关系；③学生独立完成工作任务与团队合作的关系；④教师对学生的评价与学生互评之间的关系。

（3）本方案采取定量评价与定性评价相结合的方法，以提高评价结果的可靠性与可比性。考核指标分为团队成果和个人成果两部分综合评定，分别用百分制记分，各占50%，满分100分。团队成果分是学生所在企业的得分，同一企业的学生，这部分得分一样。它由企业组建、市场调查、投资方案、经营管理、总结完善五部分组成，每部分各占10分，由教师评定给分。个人成果分是指学生个人在实训中的表现和实训成果两方面内容，实训中的个人表现由模拟企业中的学生互评得出，占25分，实训成果是指学生个人完成的实训日记和实训报告，实训日记占10分，实训报告占15分，由老师批改得分。

（4）综合评定得分计算：$M=\Sigma K_iM_i$,，其中K_i为评分等级系数，A、B、C、D、的系数分别为1.0、0.8、0.6、0.4，M_i是各二级指标的分值。学生互评也采用这一公式计算。

11.1.2 课程考核标准与评分

课程考核标准与评分表如表11-1所示。

表11-1 课程考核标准与评分表

一级指标	二级指标	考核标准	分值（M_i）	评价等级（K_i）				考核人与考核方式
				A 1.0	B 0.8	C 0.6	D 0.4	
1.团队成果50分	1-1企业组建	本着优势互补、取长补短的原则组建模拟企业，根据有关职能进行分工协作，确定经营范围，制定相应规章制度，顺利完成企业的注册登记，成功进行摊位的投标	10分					由教师现场观察和查阅学生相关资料进行评级
	1-2市场调查	根据我院特定的市场需求及消费特点制定市场调查计划。设计市场调查表，以多种形式开展市场调查。整理分析调查结果，完成调查报告，为下一步经营打好基础	10分					由教师评判学生市场调查报告进行评级
	1-3投资方案	完成企业的筹资、投资、运营、管理、资金分配等全过程的策划方案，方案制定科学合理、充分可行	10分					由教师评判学生投资方案进行评级
	1-4经营管理	在模拟企业实际的运营管理中注重采购、生产、销售、成本核算、分工协作、组织管理等各方面的实训，学以致用、活学活用，能够取得理想的实训效果，并通过会计核算加以反映	10分					由教师现场观察和查阅学生会计凭证及报表评级

（续）

一级指标	二级指标	考核标准	分值（M_i）	评价等级（K_i）				考核人与考核方式
				A 1.0	B 0.8	C 0.6	D 0.4	
1.团队成果50分	1-5总结完善	在全班工商模拟市场实训总结会上，能够熟练运用Powerpoint现场演示并流利讲解本企业的经营过程和经营成果，能够充分总结取得的经验和获得的教训，提出以后的发展方向	10分					由教师现场观察学生表现进行评级
2.个人成果50分	2-1实训日记	能够全面真实地记录实训的全过程，不仅是集中实训的一周，还包括学生课余时间的实训，能够总结每天的实训收获，发现存在的问题，提出改进的措施	10分					由教师评判学生实习日记进行评级
	2-2实训报告	实训报告格式正确、内容充分、思路清晰、结构合理。能够理论联系实际，发现问题、分析问题、解决问题，对整个实训过程有着全面、完善、客观的总结和认识	15分					由教师评判学生实训报告进行评级
	2-3学生互评	同一模拟企业的学生对各自在实训过程中的表现进行互评，主要包括工作态度、工作任务、工作能力、工作业绩、合作精神等方面的内容。具体评分见下表	25分					由同一模拟企业学生互评进行评级

11.1.3 学生互评标准与评分

在上一节课程考核标准与评分中，团队成果占50分，个人成果占50分。而在个人成果中有25分是学生互评得到的，关于学生互评的考核标准与评分表如表11-2所示：

表11-2　学生互评的考核标准与评分表

考核指标	考核标准	分值（M_i）	评价等级（K_i）			
			A 1.0	B 0.8	C 0.6	D 0.4
2-3-1工作态度	在整个实训过程中，能够积极主动地参与研究策划、方案制定、方案实施等项工作，遵守时间，不怕吃苦不怕受累，勇于克服困难和承担责任，充满自信和乐观的精神	5分				
2-3-2工作任务	在整个实训过程中具有饱满的工作量，能够按质按量按时完成既定的工作任务。勇于承担具有一定难度或者是繁重的工作任务	5分				

（续）

考核指标	考核标准	分值（M_i）	评价等级（K_i）			
			A 1.0	B 0.8	C 0.6	D 0.4
2-3-3工作能力	在企业组织策划、市场调查、方案制定、摊位招投标、广告宣传、商品经营与管理等各项实训活动中表现出良好的创意和较强的工作能力，如组织策划能力、沟通协调能力、经营管理能力、广告宣传能力等	5分				
2-3-4工作业绩	在模拟企业实际的运营管理中，注重采购、生产、销售、成本核算、分工协作、组织管理等各方面的实训，学以致用、活学活用，取得理想的实训效果，并为本企业的经营业绩和管理水平做出了较大贡献	5分				
2-3-5合作精神	有良好的团队合作意识，能够与他人融洽地共处、共事，能够学习他人的优点、听取他人意见、能够与他人共享自己的经验，支持和协助他人为了企业共同的目标而努力工作	5分				

11.1.4 评分标准细则

前面对课程考核的评分标准及标准分进行了介绍，每一项考核内容对应一个标准分，例如第一项“企业组建”占了10分，这是标准分，教师根据每个模拟企业的表现给予A、B、C、D不同的评分等级系数，即1.0、0.8、0.6和0.4，然后计算出对应的分值，即10分、8分、6分和4分，如何评定出这四个等级，具体细则如下（见表11-3）：

表11-3 评定等级细则表

1. 企业组建

等级

A (1.0)　职能分工清晰明确，职责分明；规章制度完善，章程规范。

B (0.8)　职能分工合理，职责明确；规章制度全面，但可操作性一般。

C (0.6)　职能分工简单，职责笼统；规章制度简单笼统。

D (0.4)　职能分工模糊，职责含糊；无规章制度、章程可循。

2. 市场调查

等级

A (1.0)　调查问卷问题设计合理，关联性强；调查报告全面分析调查问卷结果，对重大问题如经营项目的市场需求、消费者、竞争者等方面做出有力的论证。

B (0.8)　问题设计适宜，报告分析到位，但对重大问题论证资料不够充分。

C (0.6)　问题设计一般，报告分析思路正确，但缺乏论证资料。

D (0.4)　问题设计零乱，报告分析简单，论据模糊。

3. 投资方案

等级

A (1.0)　投资方案以经济效益作为可行性出发点，对筹资渠道、筹资风险、筹资规模、资金预算、估算设备投资、估算管理费用、损益分析等方面充分分析与论证。

B (0.8)　方案分析面面俱到，但有力可行论证材料不够充分。

C (0.6)　方案分析简单，论证材料勉强。

D (0.4)　方案分析模糊，论证材料匮乏。

（续）

4. 经营管理 等级 A (1.0)　店面设计新颖；商品促销策略准确灵活，适应市场变化能力强；待客服务周全；安全管理到位；会计核算完整，会计凭证填制正确，财务报表分析细致。在经营期间能充分掌握店铺的营运状况，营运绩效高。 B (0.8)　店面设计吸引人，促销策略适宜，适应市场变化能力较强，营运绩效较高，会计核算较完整，会计凭证填制与财务报表分析正确。 C (0.6)　店面设计普通，促销策略呆板，营运绩效一般，会计核算比较完整，无差错。 D (0.4)　店面无装饰设计，无促销策略，营运绩效低，会计核算有差错。
5. 总结完善 等级 A (1.0)　经验总结精辟、收获与教训分析深刻；Powerpoint制作内容详尽画面精美、可观性强；演讲语言流利。 B (0.8)　总结较全面、收获与教训分析到位；Powerpoint制作内容完整画面美观、可观性较强、语言流利。 C (0.6)　总结简短、收获与教训分析浅显；Powerpoint制作内容普通、可观性一般。 D (0.4)　总结烦闷、收获与教训分析偏离；Powerpoint制作内容简单、无可观性。
6. 实训日记 等 级 A (1.0)　日记记录翔实，实训收获总结恰当，教训分析深刻，问题发现及时，改进措施详尽、具体可行。 B (0.8)　日记记录完整，总结合理，能及时发现问题，改进措施略有陈述。 C (0.6)　日记记录简单，总结粗浅，能发现问题，改进措施无陈述。 D (0.4)　日记记录潦草，思路混乱、无总结陈述。
7. 实训报告 等级 A (1.0)　报告结构完整合理、思路清晰，问题提出准确、分析透彻、解决方法可行，经验推广范围广，符合实际，能达到良好的效果。 B (0.8)　报告结构完整，分析准确，但解决方法可行性一般。 C (0.6)　报告结构完整，分析问题过于表面化，无可行性方法论述。 D (0.4)　报告资料摘抄居多，分析问题思路混乱。
8. 工作态度 等级 A (1.0)　积极主动参与、承担任务，小组开会全勤参与。 B (0.8)　能主动参与各项任务，小组开会不无故缺勤。 C (0.6)　主动参与积极性一般，小组开会请假缺勤次数较多。 D (0.4)　被动参与各项任务，小组开会无故缺勤次数多。
9. 工作任务 等级 A (1.0)　工作量饱满，高难度和繁重任务居主要工作内容。 B (0.8)　工作量适宜，难度一般，繁重任务居多。 C (0.6)　工作量适宜，无难度，繁杂任务较多。 D (0.4)　工作量较少，无难度。
10. 工作能力 等级 A (1.0)　工作中组织、协调、统筹能力突出，创意多、实用强，团队核心组织者。 B (0.8)　工作中有一定组织、协调、统筹能力，但无创意。

（续）

C (0.6)　只能完成简易任务，畏惧难度较大的任务。
D (0.4)　不能独立完成任务。

11. 工作业绩

等级

A (1.0)　所负责工作任务完成质量高，工作有创新，在团队考核中所负责项目分数高。
B (0.8)　所负责工作任务完成质量较好，在团队考核中所负责项目分数较高。
C (0.6)　所负责工作任务完成质量一般，在团队考核中所负责项目分数居中。
D (0.4)　所负责工作任务完成质量较低，在团队考核中所负责项目分数低。

12. 合作精神

等级

A (1.0)　积极主动协调好自己与他人、自己与团队之间冲突，主动配合队员工作需求，主动听取及采纳队员意见，主动分享工作经验。
B (0.8)　主动协助他人工作，听取队员意见，但从不采纳。
C (0.6)　被动协助他人工作，队员存在不同意见时从不听取。
D (0.4)　对需合作工作任务不提供协助或不听取队员意见，独断处理。

11.2 课程考核的实施

工商模拟市场实训考核的实施由指导教师组织学生共同完成，在实施课程考核中要把握好以下方面的内容：

11.2.1 学生应上交的实训成果

（1）每个模拟企业成员共同完成的《企业经营方案》，内容必须包括了企业组建、市场调查、投资方案、经营管理等四方面的内容。

（2）小组成员在实训结束后，共同准备实训汇报会，能够熟练运用Powerpoint现场演示并流利讲解本企业的经营过程和经营成果，能够充分总结取得的经验和获得的教训，提出以后的发展方向。

（3）每个模拟企业的成员共同完成小组成员的互评得分。

（4）每一位同学独立完成实训日记和实训报告。

11.2.2 课程考核的时间安排

（1）实训课程结束后，学生交齐相关的实训成果，指导教师于两周内依评分标准完成所负责项目的评分。

（2）实训课程结束两周内，由指导教师组织学生进行实训总结报告会，并评定相应的成绩。

（3）由班委负责学生互评环节的各项准备组织工作，协助教师组织学生互评。

（4）指导教师于三周内完成每位学生实训考评总体成绩，并完成课程总结分析。

11.2.3 教师的课程总结分析

课程总结分析是考核体系最后环节，也是获取信息的重要手段，使教师能清晰了解学生实训效果及实训课程存在的问题和改进的方向，为本课程不断创新、不断完善提供参考资料。课程总结分析内容主要从三方面进行：

（1）工商模拟市场实训课程教学工作开展情况，即在实训全过程中为保证教学质量而采取的措施。

（2）学生在实训过程中表现情况，包括学习态度、遵章守纪、知识与能力的掌握情况。

（3）课程成绩图表分析，总结课程存在的问题和改进的方向。

11.3 模拟企业的评奖

模拟企业的评奖不作为课程考核的主要内容，同学们可自由参加评选活动。此活动只在激发广大同学在工商模拟市场实训期间照章经营、优质服务；有独到创新的摊位设计和布置，有良好的口碑和可观的经济效益。评奖活动主要安排如下：

（1）在工商模拟市场集中实训前一周，由筹委会宣传部在学校或系部宣传栏中以海报的形式进行活动宣传，有意参加评选的模拟企业可以报名参加。

（2）工商模拟市场筹委会制定优秀模拟企业的评价标准和评价方法，确定评选的数量、等级和奖品等事宜。

（3）在工商模拟市场实训期间由工商模拟市场稽查队对报名参赛的模拟企业进行定期和不定期的检查，并对其是否照章经营、是否提供优质服务予以记录。

（4）工商模拟市场筹委会宣传部对报名参赛的模拟企业的摊位设计与布置进行拍照和评价。

（5）工商模拟市场实训结束后工商模拟市场筹委会财务部提供各参赛企业的经营情况指标，并做出评价。

（6）工商模拟市场筹委会对上述评价结果进行汇总、分析、公示，最终评出优秀的模拟企业。

课后作业

模拟企业成员互评标准分为25分，请小组讨论如何使互评成绩做到公正、公平并能帮助每个同学发现自身的问题，不断改进和完善。

附录11A 图表分析范例

1. 团队成果考核成绩分析图

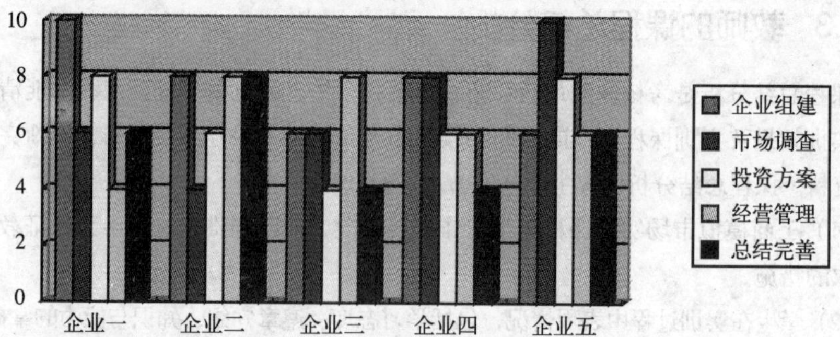

2. 个人成果考核成绩分析图

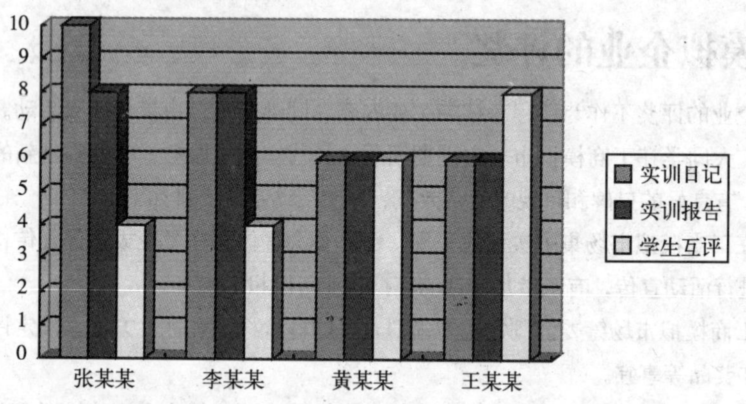

3. 班级成绩分析图

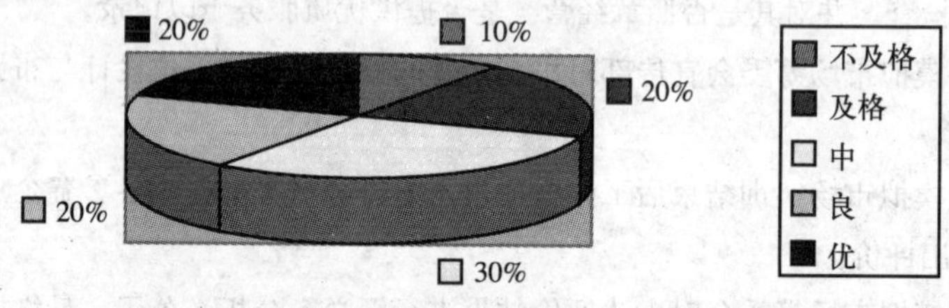

附录11B 学生常见问题答疑

1. 主题：如何组建企业？

问：老师，我们现在准备组建工商模拟市场实训的模拟企业了，你说一个宿舍组成一个企业好不好？

答：有利有弊。一个宿舍相互比较熟悉、配合比较默契，也便于经常开会沟通。但是一个宿舍都是同性，你看很少有企业都是同性的，这不利于优势互补。如果男女两个宿舍合起来组成两个企业，投两个挨着的摊位，你们觉得如何？当然志同道合、优势互补的同学组成一个企业就更好了。

2. 主题：关于市场调查

问：老师，您觉得市场调查表印50份可以吗？

答：可以，但你们选择调查对象时一定要有代表性，如不同年级、不同专业、不同宿舍、男女生、教师学生、家庭状况不同、消费习惯不同等。若能达到100份会更好些。

3. 主题：衣服烘干机市场前景如何？

问：老师，您觉得我们经销衣服烘干机，市场前景会如何？

答：这主要看你们产品的价位、你们的经营目标，我们的市场和消费者的承受能力毕竟有限，不过这只是我的感觉，我没做过调查，只有做过市场调查才有说服力。

4. 主题：摊位招标是否会出现暗箱操作？

问：老师，以前听师兄师姐说掌管摊位招投标的学生干部会私自留一些摊位，暗箱操作，是吗？

答：请你放心，不会出现这样的情况。留一些摊位是有的，但这是经过模拟市场筹委会批准给赞助商留下的，我们会向同学们公布的，任何人是不允许私自扣留摊位不公开招投标的。我们会做到公正、公平和公开。

5. 主题：关于非实训班的摊位管理费

问：为什么我们非实训班的摊位管理费要加收30元，这太不公平了！

答：我很理解你的心情，但工商模拟市场本身是面向实训班的学生开办的，摊位是一个稀缺资源，需要通过一定的手段来调节供求，价格无形的手是必要的，但若不加收管理费，非实训班学生报名的就太多，会给后续的招投标管理带来很大难度，因而我们也需要有形的手进行调节，望你能理解。

6. 主题：关于拉赞助

问：老师，我们想向有关企业拉赞助，但自知影响力不够，你可否出面帮我们说说。

答：拉赞助的目的并不主要在于获得经费，我们本身有一定的实训经费。之所以鼓励学生拉赞助主要目的在于培养和锻炼学生的能力，如果我出面意义就不一样了。相信自己，做好充分准备努力尝试一次，即使失败，你也会有很大收获。

7. 主题：关于环保

问：我是我校一名教师，我很赞赏你们的工商模拟市场实训，不过去年我看到不少学生为了摊位布置在我校山上砍了很多竹子，我们学校这么美，看到有学生这样做我们很心疼。

答：非常感谢您对我们工商模拟市场的关注，保护学校的优美环境是我们每个人的心愿，今年我们一定会制定规章制度不允许再有这样的事情发生。

8. 主题：劳务出资行吗？

问：老师，我没有足够的能力出现金融资，我可不可以多辛苦一些，以劳务出资啊！

答：按理应当“谁出资、谁受益”，你不出资就只能打工了，但是合伙企业经成员同意也可以劳务出资，你可以和企业成员商量一下。

9. 主题：绩效评价

问：企业成员都是出资人、股东，不可避免地会出现个别成员只出资而不付出工作努力，坐享企业盈利，所以，我们实行目标行为管理，个人绩效决定着个人分享盈利份额比例或承担亏损比例，大家都赞同这提议，现问题是绩效如何评价更为公平？要注意什么问题？

答：谁投资谁受益这是对的，在某种意义上不劳而获是允许的，但合伙经营也可以劳务出资。另外每个人通过自己的劳动获得报酬（工资）可将“按劳分配”与按“绩效分配”结合起来。要做到公平，事先先定好分配标准，大家同意后，到具体分配时就相对公平了。不过绝对公平是难以实现的。

10. 主题：市场调查

问：经过市场调查，我们确定了经营项目，在采购上货比三家，尽量降低成本；在摊位招投标上，不超预算争取较好地理位置；用平时节省的素材不花成本精心装扮店面。但开业后，营业额始终不高，我们探究了原因，认为是在消费群无变化状况下，经营相同或类似商品的竞争对手太多，如何能共存共赢？

答：市场调查中还有一个重要方面就是对竞争对手的调查，也许这个问题你们事前忽略了。我们的市场就是校内7000人的有限市场，供大于求就是你们现在的状况，想共存共赢愿望是好的，但有点儿不符合市场经济的规律，你们若想获得竞争优势除了价格这个因素外就要从特色、服务等方面下工夫了。

11. 主题：团队合作

问：老师，我们的团队组织架构及成员分工是以资金投入多少，才能高低及队员全体投票为依据，选出了两位各方面都相当的组织领导者，职能分工两人总负责调查采购和营销经营两大块任务，组成由黄同学负责的调查、采购小组，由李同学负责营销、经营小组，各自都非常努力工作，组织和协调能力都很强，一切都非常顺利。开业后，企业营业额却一直较差，第二天晚上我们开集体会议讨论解决方案，会议上，营销小组认为是采购小组的失误，产品质量不高；采购小组认为是营销小组的营销手段呆板，无创新，无法吸引顾客；会议最终以双方小组的互责而告终。核心问题出在哪里呢？

答：你们出的问题是企业常见的问题，很有代表性。关键问题是两个小组不是互相独立而是相互联系和制约的。因而在各项工作开始前两个小组应共同商讨经营方案，并根据团队共同的目标确定各自的职责以及工作的方式和方法，得到大家认同后再开始工作。当然出现问题是必然的，相互指责除了降低团队士气和凝聚力外别无他益，发现问题后学会如何解决问题才是我们实训的真正目的，这也是一个管理者必备的素质。

12. 主题：竞争优势

问：赞助商提供产品，我们每天结算各产品销量并及时补货或反馈信息给赞助商，也同时完成各产品消费者情况的调查。结业后，我们发现，在开业前所做的调查资料和开业后实际消费者购买情况资料不吻合。如，开业前在对A产品购买意愿调查中，50人有35人首选购买A产品；在调查其他产品购买意愿，50人中都没有超过20人的，但开业后，A产品的销量却是最低的，根本原因是什么？

答：一是要反思调查获得的信息是否真实，调查过程是否科学合理；二是你的商品质量、性能、价格等如何，是否满足顾客的需要；三是竞争对手情况如何？你们的竞争优势如何？

13. 主题：创新能力

问：老师，工商模拟市场实训课程，让我们真正的学以致用，锻炼了组织能力、管理能力、协调能力、团队管理、财务核算能力、经营管理等技能，而在整个实训过程中，我们发觉我们缺乏创新能力，以致对市场适应能力较弱，总被竞争对手抛在身后。所以，今后我们应如何培养创新能力？

答：创新能力它需要非常规的思维，需要突破现状，不能墨守成规。这种能力是可以训练的，你们可以看一些这方面的书，选一些这方面的课，还要多见识、多体验，因为要有非凡的观念就要有非凡的体验，见多就会识广，就会开阔眼界、拓宽思路，最后要形成一种思维习惯和行为习惯，无论考虑和做什么事前不要忘记尝试创新。

14. 主题：环境卫生

问：老师，你们工商系和财经系搞实训，学生收获大，我们其他系的却有些遭殃，我们宿舍楼门口堆了很多垃圾，是否该管一管？

答：这位同学，我代表我系的全体师生向你们表示歉意，这方面我们安排了市场管理人员专门负责，但可能还是管理不到位，我会督促他们解决此事，并在下一次实训妥善处理好这一问题。

15. 主题：课程考核

问：老师能否再具体说一下这门课如何考核，我们还是比较在意这个成绩的，毕竟这次实训很重要，它的考核方式也与其他课不同。

答：工商模拟市场这门实训课的考核经研究确定由个人分和团体分两部分构成，各占50%。个人分是指学生个人在实训中的表现和实训成果两方面内容，各占个人分的50%，实训中的个人表现由模拟企业中的学生互评得出，实训成果是指学生个人完成的实训日记和实训报告，由老师批改得分。团体分是学生所在企业的得分，同一企业的学生，这部分得分一样。它由企业组建、市场调查、投资方案、经营管理、总结完善五部分组成，各占20%，由教师评定给分。具体请见《工商模拟市场实训》精品课网站中的

“课程考核”这个栏目，你会得到更具体的指导。

16. 主题：会计核算

问：老师，我们不是会计专业的学生，对如何进行我们这个模拟企业的会计核算和财务分析不是很清楚，能否给点建议。

答：我们已考虑到你们这种情况，故在《工商模拟市场实训》精品课网站中学生参考资料部分专门给出了如何进行会计核算的方法以及示例，你先仔细阅读一下，若还不明白，我会给你有针对性的意见。

17. 主题：考核公平

问：老师，我们这门课程有50%是团队分，而且一个企业的同学大家得分都一样，我觉得这样不公平，因为我们每个人的付出是不一样的，贡献也是不一样。

答：你说的问题确实存在，因此我们在占50%的个人分中有一半的成绩是小组互评得出的，我们通过这种方式修正团队分的不公平。另外我们也希望以此促进大家团队合作的精神。我想你一定是一个很有责任心、也很有能力的学生，老师希望你不仅独善其身，也要兼顾他人，能够带领一个团队共同完成目标，是我们每个从事管理工作的人员应具备的技能。另外绝对公平是没有的，让我们共同努力，尽可能做到公正、公平。

18. 主题：我该怎么办？

问：老师，你曾说过我们工商管理专业的学生刚毕业时男生大多从事的是营销工作，但这次实训我发现我并不擅长做营销，我该怎么办呢？

答：首先你要搞清营销不只是销售，它还包括其他很多工作，如市场调查、市场分析、市场策划、售后服务等。另外花言巧语、能言善辩不一定就擅长作营销，请你再认真考虑一下，若真的不喜欢、不擅长再考虑其他的职业定位，有时间我们可以面谈。

19. 主题：收到假币

问：老师，我们很惨，利润不多，却收到了一张100元假币。

答：我深表同情，只当交学费吧，辨别假钞也是我们实训中的一项内容，没关系的，我想这个学费交得还是值得的。

20. 主题：明年是否还能参加？

问：老师，今年我们是工商模拟市场的实训班，这次实训感觉收获很大，我有自信在众人面前高声叫卖了，我明年还想参加，可以吗？

答：这次实训你收获很大，我感到很欣慰。明年你还可报名参加，但我们首先保证实训班的摊位，所以剩余的摊位不多，价位可能较高，竞争比较激烈，如果你敢于迎接挑战，我预祝你成功！

参考文献

[1] 萧野．开店要掌握的基本知识[M]．北京：中国纺织出版社，2005．

[2] 沃特商业研究中心．百货零售店经营管理一本通[M]．北京：经济科学出版社，2005．

[3] 沃特商业研究中心．饭馆餐饮店经营管理一本通[M]．北京：经济科学出版社，2005．

[4] 王新彰．客户关系管理[M]．2005．

[5] 中国注册会计师协会．税法[M]．北京：经济科学出版社，2006．

[6] 李爱先．店铺销售管理[M]．北京：经济管理出版社，2004．

[7] 李爱先．店铺顾客管理[M]．北京：经济管理出版社，2004．

[8] 创业百宝箱企业完全生存策略[M]．李强，等译．上海：上海人民出版社，2003．

[9] 盖地．小企业会计[M]．上海：上海财经大学出版社，2004．

[10] 钟声．开店帮你忙[M]．成都：西南财经大学出版社，2003．

[11] 吴源鸿．商品学概论[M]．广州：中山大学出版社，2001．

[12] 李志能，等．创业学[M]．上海：复旦大学出版社，2001．

[13] 汪劲．开店必读[M]．成都：西南财经大学出版社，2003．

[14] 漆江娜，等．财务管理学[M]．广州：广东人民出版社，2002．

[15] 甘华鸣．市场营销[M]．北京：中国国际广播出版社，1999．

[16] 黄慧馨．财务管理[M]．北京：高等教育出版社，2001．

[17] 杨进军．小企业会计[M]．上海：立信会计出版社，2004．

华章系列教材·高职高专

书号	书名	作者	定价
房地产类专业实用教材			
11-20931	房地产法规	王照雯 寿金宝	24.00
11-19813	房地产市场营销	栾淑梅	35.00
11-20599	居住区规划	苏德利	31.00
11-16563	物业管理	寿金宝 王照雯	29.00
11-22183	房地产经济学	张素菲	26.00
11-22359	房地产投资分析	高群	26.00
11-22018	建筑工程概论	徐春波	28.00
11-22020	房地产经营与管理	陈林杰	26.00
11-20349	建设工程招投标与合同管理	高群 张素菲	26.00
11-20824	建筑工程造价	孙久艳	26.00
11-20337	房地产估价	左静	31.00
11-20931	房地产法规	王照雯 寿金宝	24.00
	房地产经纪	王雪梅	即将出版
	房地产开发	张国栋	即将出版
精品课系列教材			
11-22974	电子商务概论	尹世久	28.00
11-19317	网络金融	张劲松	34.00
11-21920	应用统计学	孙炎	30.00
11-22168	应用统计学学习指导	孙炎 陈平	19.00
11-21236	工商模拟市场实训	阚雅玲 郭立国	22.00
11-23032	管理信息系统	郑春瑛	28.00
经济管理类专业基础课系列教材			
11-21528	市场营销基础与实务	高凤荣	29.00
11-22019	市场调研与预测	邱小平	28.00
11-23215	管理基础与实务	阚雅玲 朱权 游美琴	30.00
11-23272	公共关系基础与实务	朱权	28.00
11-23798	经济学基础	李海东	28.00
11-13974	经济法基础与实务	黄瑞	32.00

会计电算化系列教材			
7-111-20491	成本会计	刘志娟	28.00
7-111-22361	财经法规与会计职业道德	李立新	29.00
7-111-23417	财务管理	刘云丽	30.00
	应用统计基础	曾艳英	即将出
	企业纳税实务	曹利	即将出
电子商务系列教材			
7-111-21907	电子商务网站规划与建设	王宇川	28.00
	计算机网络技术	余棉水	即将出
旅游及酒店管理系列教材			
7-111-23340	旅游市场营销	苏日娜	30.00
7-111-23283	旅行社运营管理	刘国强	28.00
	旅游英语	姜先行	即将出
	旅游客源国（地区）概况	舒惠芳	即将出
7-111-23953	饭店前厅客房服务与管理	陈云川 鄢赫	30.00
	饭店市场营销	陈云川 张洪刚	即将出
	饭店餐饮管理	黄文刚	即将出
	饭店实用英语	陈的非 刘朝晖	即将出
	烹任基础	刘致良	即将出
	烹调工艺实训	刘致良	即将出
	旅游服务礼仪	李 丽	即将出

教师服务登记表

的老师：

您好！感谢您购买我们出版的________________________________教材。

机械工业出版社华章公司为了进一步加强与高校教师的联系与沟通，更好地为高校教师服务，特制此表，请您填妥后发回给我们，我们将定期向您寄送华章公司最新的图书出版信息！感谢合作！

个人资料（请用正楷完整填写）

教师姓名		□先生 □女士	出生年月		职务		职称：□教授 □副教授 □讲师 □助教 □其他

学校		学院		系别	

联系电话	办公： 宅电： 移动：	联系地址及邮编	
		E-mail	

学历		毕业院校		国外进修及讲学经历	
研究领域					

主讲课程	现用教材名	作者及出版社	共同授课教师	教材满意度
课程： □专 □本 □研 □MBA 人数： 学期：□春□秋				□满意 □一般 □不满意 □希望更换
课程： □专 □本 □研 □MBA 人数： 学期：□春□秋				□满意 □一般 □不满意 □希望更换

样书申请			
已出版著作		已出版译作	
是否愿意从事翻译/著作工作 □是 □否	方向		
意见和建议			

填妥后请选择以下任何一种方式将此表返回：（如方便请赐名片）

地 址：北京市西城区百万庄南街1号 华章公司营销中心 邮编：100037

电 话：(010) 68353079 88378995 传真：(010)68995260

E-mail:hzedu@hzbook.com markerting@hzbook.com 图书详情可登录http://www.hzbook.com网站查询